W.H.C. Schade Oskar Hugo

Paradigmen zur deutschen Grammatik

Gothisch, althochdeutsch, mittelhochdeutsch, neuhochdeutsch

W.H.C. Schade Oskar Hugo

Paradigmen zur deutschen Grammatik
Gothisch, althochdeutsch, mittelhochdeutsch, neuhochdeutsch

ISBN/EAN: 9783337525958

Hergestellt in Europa, USA, Kanada, Australien, Japan

Cover: Foto ©Paul-Georg Meister /pixelio.de

Weitere Bücher finden Sie auf **www.hansebooks.com**

PARADIGMEN

ZUR

DEUTSCHEN GRAMMATIK

GOTHISCH ALTHOCHDEUTSCH MITTELHOCHDEUTSCH

NEUHOCHDEUTSCH

FÜR VORLESUNGEN

VON

OSKAR SCHADE

HALLE
VERLAG DER BUCHHANDLUNG DES WAISENHAUSES
1860

Die nachfolgenden Bogen sind aus dem Bedürfnisse hervorgegangen bei meinen Vorlesungen über deutsche Grammatik des eben so lästigen als zeitraubenden Anschreibens der Formen überhoben zu sein. So bekommen die Zuhörer mit einem Leitfaden für die grammatischen Vorlesungen zugleich ein bequemes und ich hoffe auch sicheres Hilfsmittel in die Hand die Formen zu überblicken und sich einzuprägen.

Dass es hauptsächlich auf die Formenlehre abgesehn war, liegt in der Natur der Sache. Zur Lehre von der Wortbildung und vom Satze bedarf es eines solchen Leitfadens weniger. Die drei ersten Seiten, die sich auf die Lautlehre beziehn, sollen nur eine Zugabe sein, kurze Übersichten, mehr zum Zwecke der Wiederholung als zum Studium: sie stehn in gar keinem Verhältnisse zu dem Umfange, den dieser Grundtheil der Grammatik in Vorlesungen einnehmen muss.

In academischen Vorlesungen über deutsche Grammatik kommt es vor allem darauf an den gothischen- und hochdeutschen Sprachstand kennen zu lehren: das ist die Hauptsache. Hier hat man die reichste Fülle von Denkmälern, hier kann man die Geschichte unserer Sprache in einer fast fortlaufenden Reihe von Erscheinungen und in einem ihrer grösten Entwickelungsprocesse verfolgen. Erst wenn darin Sicherheit gewonnen ist, mag man zur eingehenden Betrachtung auch der verwandten Dialecte schreiten, die ein eigenes Studium erfordern. Aber Seitenblicke wird man immer auf sie richten müssen im Anfange wie im Verlaufe.

Und so geben denn diese Paradigmen und Übersichten die Formen des gothischen, alt- und mittelhochdeutschen und endlich des neuhochdeutschen Sprachstandes so erschöpfend als möglich an. Hin und wieder ist auf verwandte Dialecte Rücksicht genommen. Gern hätte ich den Gebrauch der einzelnen Denkmäler durch Aufstellung besonderer Paradigmen klarer gemacht, gern auch auf die Übergangszeiten vom alten zum Mittelhochdeutschen und von diesem zu unserem heutigen Sprachstande genaueren Bedacht genommen, wenn dadurch der Umfang des Buches sich nicht zu bedeutend vergrössert hätte. Was die Überlieferung versagte, aber mit Sicherheit, wenigstens höchster Wahrschein-

lichkeit gebildet werden konnte, ist in eckige Klammern geschlossen
worden. Andere Bezeichnungen durch Verschiedenheit des Drucks oder
Abkürzungen erklären sich selbst.

Für die alte Sprache bin ich fast überall Jacob Grimm gefolgt,
den ich nur nicht genannt, weil des Nennens kein Ende gewesen wäre.
Wir übrigen alle, klein und gross, sind doch nur Gäste, die an des
reichen Mannes Tische sitzen. Er waltet wie keiner der Schätze unserer
Sprache, seine Hand hält beschlossen

hort den aller meisten   den ie helt gewan:
ern kund in niht verswenden,   sold er iemer leben hân.

Dabei sind aber die Untersuchungen anderer nicht vergessen worden.
Der Kenner wird hie und da auch eigenes bemerken. Besonders lag
mir daran den neuhochdeutschen Sprachstand mit der Darstellung des
alten, so gut es angeht, in Einklang zu bringen, damit die Grund-
sätze in der Anordnung, wenn sie auch nicht unverrückt weiter gelten
können, doch wenigstens noch bedingte Geltung finden, wodurch auch
die Abirrungen vom Ursprünglichen erst recht klar zu Tage treten. Das
gilt namentlich von der Anordnung der neuhochdeutschen substantivi-
schen Declination. Was andere Zusammenstellungen betrifft, wie die
Declination der Eigennamen, deren Schwierigkeit keinem entgehen kann,
so soll damit wenigstens ein Versuch gemacht sein: möge ihm die bes-
sernde Hand nicht fehlen.

    Nichts ist lockender als über die Grenzen der deutschen Sprache
hinaus den früheren Stand und den Grund ihrer Erscheinungen zu ver-
folgen, nichts erhebender als auf diesem Wege den Wundern der
Schöpfung näher zu treten. Aber man soll für den Anfang das Ziel
nicht zu weit stecken, damit das Erreichbare nicht unerreicht werde.
Für Lehrende und Lernende gleich ist Beschränkung gebotene Pflicht:
erst fester Besitz des einen, ehe man zu anderem Wünschenswerthen
fortschreitet. Es hat auch das deutsche Sprachleben sich eigenartig ent-
wickelt, es hat mit seinem Erbtheile selbständig geschaltet, es lebt
seinen eigenen Gesetzen gemäss, die es sich freilich nur geben konnte,
weil es diese und keine andere Gaben als Eingebinde erhalten. Was
anderes ist es die Geschichte des indisch-europäischen Sprachstammes,
was anderes die Geschichte eines seiner Geschlechter, Familien oder
Glieder zu verfolgen. Die Gesichtspuncte, unter die man die einzelnen
Erscheinungen fasst und gruppiert, werden beim einen wie beim andern
vielfältig verschieden sein. Vergleichende Grammatik und deutsche Gram-
matik lehren ist zweierlei, wenn auch die Forschung in der einen der
andern nicht entbehren kann. Ich bin daher von den Anschauungen

und Benennungen Jacob Grimms nicht abgewichen, ob ich wol weiss, dass man manches unter andere und scheinbar einfachere Gesichtspuncte bringen kann, wie z. B. die Vocalwechsel Brechung und Umlaut. Einige Male sind urverwandte Sprachen herbeigezogen worden, um schwierige Erscheinungen in der deutschen klar zu machen: sie nennen ihren Ursprung und wollen für nichts weiter gelten als wofür sie sich geben.

Diese Paradigmen sind vielleicht auch andern Universitätslehrern nicht unwillkommen, auch wol sonstigen Freunden unserer Sprache zum Nachschlagen und Unterrichte von Nutzen, vielleicht dass sie sich a ch auf diesem oder jenem Gymnasium Eingang verschaffen, wo man der Muttersprache die Beachtung schenkt, die ihr gebührt: man mag sich aus dem Buche dann auslesen was man für seine Zwecke brauchen kann.

Wer die Schwierigkeit solcher Zusammenstellungen kennt, wenn sie gewissenhaft gemacht werden, welche Überlegung die Auswahl, Prüfung und Anordnung des Materials erfordert und dass alles auf gegebenem Raume übersichtlich und sauber dem Blicke sich darbiete, der wird die auf diese wenigen Bogen gewandte Sorgfalt anerkennen und freundliche Nachsicht üben wo etwa gefehlt ist, gewis aber auch sein besseres Wissen dem Verfasser nicht vorenthalten.

Halle am 7. September 1860.

Dr. Oskar Schade.

INHALT.

	Seite
Übergänge der Vocale in den Wurzeln vom Gothischen zum Althochdeutschen, Mittelhochdeutschen, Neuhochdeutschen	1
Veränderungen der Consonanten	2
Zusammenstellung der gothischen starken Declination der Substantiva	4
Frühere starke Declination im Gothischen	6
Starke Declination der Substantiva im Goth., Ahd. und Mhd.	6
Zusammenstellung der gothischen schwachen Declination der Substantiva	11
Zusammenstellung der althochdeutschen schwachen Declination der Substantiva	12
Schwache Declination der Substantiva im Goth., Ahd. und Mhd.	13
Synkope und Apokope der Casus -e nach Liquiden bei der Declination der Substantiva im Mittelhochdeutschen	15
Zusammenstellung der Declination der Substantiva im Neuhochdeutschen	17
Anomalien der substantivischen Declination: Bildungen auf tar, Bildungen auf and ônd, andere Wörter, Mischungen starker und schwacher Formen	20
Declination der Eigennamen im Goth., Ahd., Mhd.	24
Declination der Eigennamen im Neuhochdeutschen	26
Starke Declination der Adjectiva im Goth., Ahd., Mhd. und Nhd.	29
Synkope und Apokope der Casus -e in der adjectivischen starken Decl. im Mhd.	34
Schwache Declination der Adjectiva im Goth., Ahd., Mhd. und Nhd.	35
Declination der gesteigerten Adjectiva	37
Declination der Participia	41
Die Zahlwörter und ihre Declination	44
1. Cardinalzahlen	44
2. Ordinalzahlen	51
3. Die übrigen Zahlwörter	53
Declination der Pronomina	55
1. Die persönlichen Pronomina	55
2. Die possessiven Pronomina	57
3. Die demonstrativen Pronomina	59
4. Die relativen Pronomina	62
5. Die interrogativen Pronomina	62
6. Die indefiniten Pronomina	64
7. Die Correlativa	67
Starke Conjugation. Veränderungen in den Wurzeln im Goth., Ahd., Mhd.	68
Stand der Ablautreihen im Nhd. verglichen mit dem Mhd.	68
Beispiele zur starken Conjugation	69
Flexionsendungen (Personalendungen mit Binde- und Modusvocal) der starken Conjugation im Goth., Ahd., Mhd. und Nhd.	72
Flexionsendungen der schwachen Conjugation mit voraufgehenden Ableitungsvocalen	74
Frühere starke Conjugation im Gothischen	76
Gothische Conjugation	77
Althochdeutsche Conjugation	80
Mittelhochdeutsche Conjugation	82
Neuhochdeutsche Conjugation	84
Die Anomalien der Conjugation	86
1. Reste der bindevocallosen Conjugation: sein, thun, gehn, stehn	86
2. Praeteritopraesentia	94
3. Flexionsmischungen: Präsens schwach, Präteritum stark; Präsens stark, Präteritum schwach: N-Bildungen; Präsens stark, Präteritum schwach: bringen; das Verbum fragen	95
4. Zusammenziehungen: das Verbum haben; Zusammenziehung des schwachen Präteritums	98
5. Vocalschwankungen	98

Übergänge
der Vocale in den Wurzeln vom Gothischen zum Althochdeutschen, Mittelhochdeutschen, Neuhochdeutschen.

Kurze Vocale
einfach kurze

Goth.	Ahd.	Mhd.	Nhd.
a	a, o (å)	a, o (â)	a, o, å
i	i, ë (i)	i, ë (i)	i, î (ei); e, ê
u	u, o (û)	u, o (û)	u, û (au); o, ô

Brechungen

aí	ë, i	ë, i	e, ê; i, î
aú	o, u	o, u	o, ô; u, û

Lange Vocale
einfach lange

â	â (ia, ëa, ie)	æ (ie)	â, a (ie)
ô	ô, uo, ua, ue, oa	uo	û, u

Diphthonge

ai	ai, ei, ê	ei, ê	ei, ê
au	au, ao, ou oi, ô; û	ou, ô; û	au, ô; au
ei	î	î	ei
iu	iu (ui), io, ia, ie; û ëu, ëo, ëa;	iu, ie; û	eu, ie; au

Umlaute
kurzer Vocale

a-e		a-e	a-e, ä, æ, ê
		o-ö	o-ö, œ
		u-ü	u-ü, ü

langer

		â-æ	
		ô-œ	
û-iu		û-iu	au-eu, äu

von Diphthongen

au-eu		au-eu	au-eu, äu
		ou-öu (öi)	û-ü
		uo-üe	

Veränderungen der Consonanten.

Spiranten.

Goth.	Ahd.	Mhd.	Nhd.
v	v, w (u, o) h	w, v	w, b, h
j	j, g, ë	j, g, w, h	j, g, h
s, z, r	s, r	s, r, sch, (h)	s, r, sch
h	h	h, w	h

Liquidon.

m	m, n	m, n	m, n
n	n, m, l	n, m, l	n, m, l
l	l, r, n	l, r, n	l, r, n
r	r, l	r, l	r, l

Muten.
(Consonantenverschiebung. Lautverschiebung.)

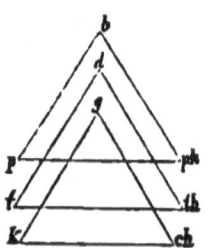

Labiale.   Linguale.   Gutturale.

theoretisch

Griech.	b	p	ph	d	t	th	g	k	ch
Goth.	p	ph	b	t	th	d	k	ch	g
Ahd.	ph	b	p	th	d	t	ch	g	k

in Wirklichkeit

Griech.	b	p	f	d	t	th	g	k	ch
Goth.	p	f	b	t	th	d	k	h	g
Ahd.	ph	f	p	z	d	t	ch	h	k

Nebenarten

der 2. Gleichung in- und auslautend p p p
                                                             f f b
                                                             f v p

der 3. Gleichung in- und auslautend k k k k
                                                             h h g g
                                                             h g g h

Stand der Muten in einzelnen ahd. Denkmälern.

Goth.		b	p	f	d	t	th	g	k	h
strengahd.		p	ph	f	t	z	d	k	ch	h
Isidor	anl.	b		f	d	z	dh	g	ch	h
	inl.	b	f	v	d	zs	dh	g	hh	h
	ausl.	p	ph	f	t	zs	dh	c	h	h
Otfried	anl.	b	ph	f	d	z	th	g	k	h
	inl.	b	f	f	t	z	d	g	ch	h
	ausl.	b	f	f	t	z	d	g	h	h
Tatian	anl.	b	ph	f	t	z	th	g	k	h
	inl.	b	ph	v	t	z	d	g	hh	h
	ausl.	b	ph	f	t	z	d	g	h	h
Mhd.	anl.	b	pf	f, v	t	z	d	g	k	h
	inl.	b	f	v	t	s	d	g	ch	h
	ausl.	p	f	f	t	z	t	c	ch	ch
Nhd.	anl.	b	pf	f, v	t	z	d	g	k	h
	inl.	b	f	f	t	z, ss	d	g	ch	h
	ausl.	b	f	f	t	z, sz	d	g	ch	h

Consonantenverstufung.

Gothisch (rückwärts gehender Einfluss).

Auslautend
b zu f
d - th
g bleibt.

Inlautend bei folg. s
b zu f
d - th
g bleibt.

bei folg. t
b⎱
p⎰ zu f

g⎱
k⎰ - h

d⎫
t⎬ - s
th⎭

bei folg. Vocale
f zu b.

Ahd. (vorwärts greifender Einfluss).

Im Auslaute   im folgenden Anlaute
Vocal oder Liquida — b, g, d (= goth. th)
                                  t (= goth. d)
Spirans oder Muta — p, k, t (= goth. th)

Zusammenstellung der gothischen starken Declination der Substantiva.

1. Die A-Flexion.

	Mascul.	Femin.	Neutrum.
Sing. Nom.	dag-s	gib-a	vaúrd
Gen.	dag-is	gib-ôs	vaúrd-is
Dat.	dag-a	gib-ai	vaúrd-a
Acc.	dag	gib-a	vaúrd
Voc.	dag	gib-a	vaúrd
Plur. Nom.	dag-ôs	gib-ôs	vaúrd-a
Gen.	dag-ê	gib-ô	vaúrd-ê
Dat.	dag-am	gib-ôm	vaúrd-am
Acc.	dag-ans	gib-ôs	vaúrd-a
Voc.	dag-ôs	gib-ôs	vaúrd-a

Nebenarten.
i, j im Ausgange des Stammes

Sing. Nom.	harj-is	haírd eis	sibj-a	bandi	thivi	kuni	andbahti
Gen.	harj-is	haírd eis	sibj-ôs	bandj-ôs	thiuj-ôs	kuuj-is	andbaht eis
Dat.	harj-a	haírdj-a	sibj-ai	bandj-ai		kunj-a	andbahtj-a
Acc.	hari	haírdi	sibj-a	bandj-a		kuni	andbahti
Voc.	hari	haírdi	sibj-a	bandi		kuni	andbahti
Plur. Nom.	harj-ôs	haírdj-ôs	sibj-ôs	bandj-ôs		kunj-a	andbahtj-a
Gen.	harj-ê	haírdj-ê	sibj-ô	bandj-ô		kunj-ê	andbahtj-ê
Dat.	harj-am	haírdj-am	sibj-ôm	bandj-ôm		kunj-am	andbahtj-am
Acc.	harj-ans	haírdj-ans	sibj-ôs	bandj-ôs		kunj-a	andbahtj-a
Voc.	harj-ôs	haírdj-ôs	sibj-ôs	bandj-ôs		kunj-a	andbahtj-a

u, v im Ausgange des Stammes

Sing. Nom.	thiu-s	salithv-a	kniu
Gen.	thiv-is	salithv-ôs	kniv-is
Dat.	thiv-a	salithv-ai	kniv-a
Acc.	thiu	salithv-a	kniu
Voc.	thiu	salithv-a	kniu
Plur. Nom.	thiv-ôs	salithv-ôs	kniv-a
Gen.	thiv-ê	salithv-ô	kniv-ê
Dat.	thiv-am	salithv-ôm	kniv-am
Acc.	thiv-ans	salithv-ôs	kniv-a
Voc.	thiv-ôs	salithv-ôs	kniv-a

2. Die I-Flexion.

	Masc.	Fem.	Neutr.
Sing. Nom.	balg-s	anst-s	fehlt.
Gen.	balg-is	anst-ais	
Dat.	balg-a	anst-ai	
Acc.	balg	anst	
Voc.	balg	anst	
		(Pl. wie im Masc.)	
Plur. Nom.	balg-eis	anst-eis	
Gen.	balg-ê	anst-ê	
Dat.	balg-im	anst-im	
Acc.	balg-ins	anst-ins	
Voc.	balg-eis	anst-eis	

Nebenart.

Sing. Nom. nau-s
Gen. nav-is
Dat. nav-a
Acc. nau
Voc. nau

Plur. Nom. nav-eis
Gen. nav-ê
Dat. nav-im
Acc. nav-ins
Voc. nav-eis

3. Die U-Flexion.

	Masc.	Fem.	Neutr.
		(wie Masc.)	
Sing. Nom.	sun-us	hand-us	faíh-u
Gen.	sun-aus	hand-aus	faíh-aus
Dat.	sun-au	hand-au	faíh-au
Acc.	sun-u	hand-u	faíh-u
Voc.	sun-u, au	hand-u, au	faíh-u
Plur. Nom.	sun-jus	hand-jus	Pl. kommt nicht vor.
Gen.	sun-ivê	hand-ivê	
Dat.	sun-um	hand-um	
Acc.	sun-uns	hand-uns	
Voc.	sun-jus	hand-jus	

Nebenart

Sing. Nom. stubj-us — vaddj-us
Gen. stubj-aus — vaddj-aus
Dat. stubj-au — vaddj-au
Acc. stubj-u — vaddj-u
Voc. stubj-u — vaddj-u

Plur. Nom. [stubj-us] — Plur. kommt nicht vor;
Gen. [stubj-ivê od. stub-ivê] — wol wie Masc.
Dat. [stubj-um]
Acc. [stubj-uns]
Voc. [stubj-us]

Frühere starke Declination im Gothischen.

Nach Vermuthung aufgestellt, vgl. J. Grimms Gesch. der deutschen Sprache S. 912. Westphal in Kuhns Ztschr. 2, 161 ff.

		Masculinum.			**Femininum.**	
	a	i	u	a	i	u
Sing. Nom.	dag-as	balg-is	sun-us	gib-a	anst-is	hand-us
Gen.	dag-ais	balg-ais	sun-auis	gib-ôs	anst-ais	hand-auis
Dat.	dag-ai	balg-ai	sun-aui	gib-ai	anst-ai	hand-aui
Acc.	dag-an	balg-in	sun-un	gib-an	anst-in	hand-un
Plur. Nom.	dag-ôs	balg-eis	sun-ius	gib-ôs	anst-eis	hand-ius
Gen	dag-êm	balg-iêm	sun-ivêm	gib-ôm	anst-iêm	hand-ivêm
Dat.	dag-amis	balg-imis	sun-umis	gib-ômis	anst-imis	hand-umis
Acc.	dag-ans	balg-ins	sun-uns	gib-ôs	anst-ins	hand-uns

Vorhandene Declination:

Sing. Nom.	dag-s	balg-s	sun-us	gib'-a	anst-s	hand-us
Gen.	dag-is	balg-is	sun-aus	gib-ôs	anst-ais	hand-aus
Dat.	dag-a	balg-a	sun-au	gib-ai	anst-ai	hand-au
Acc.	dag	balg	sun-u	gib-a	anst	hand-u
Plur. Nom.	dag-ôs	balg-eis	sun-jus	gib-ôs	anst-eis	hand-jus
Gen.	dag-ê	balg-ê	sun-ivê	gib-ô	anst-ê	hand-ivê
Dat.	dag-am	balg-im	sun-um	gib-ôm	anst-im	hand-um
Acc.	dag-ans	balg-ins	sun-uns	gib-ôs	anst-ins	hand-uns

Starke Declination der Substantiva im Gothischen, Althochdeutschen und Mittelhochdeutschen.

1. Die A-Flexion.

a) Masculinum.

	Goth.	Ahd.	Mhd.
Sing. Nom.	dag-s	tac	tac
Gen.	dag-is	tak-is, -es, (-as)	tag-es
Dat.	dag-a	tak-a, -e	tag-e
Acc.	dag	tac, -an	tac
Voc.	dag	—	—
Instr.	—	tak-û, -u, -o	—
Plur. Nom.	dag-ôs	tak-â, -a	tag-e
Gen.	dag-ê	tak-ô, -o	tag-e
Dat.	dag-am	tak-um, -un, -om, -on, -en	tag-en
Acc.	dag-ans	tak-â, -a	tag-e
Voc.	dag-ôs	—	—

Nebenarten.

i, j im Ausgange des Stammes.

Sy. N. harj-is	baírd eis	hirti	hrucki	hirte	rücke, rucke
G. harj-is	baírd eis	hirt-is, -es	hruckj-es	hirt-es	rück-es
D. harj-a	baírdj-a	hirt-a, -e	hruckj-a, -e	hirt-e	rück-o
A. hari	baírdi	hirti	hrucki	'hirt-e	rücko
V. hari	baírdi	—	—	—	—
Instr. —	—	hirt-û	hruckj-û	—	—

Überg.
i. d. I-Fl.

Pl. N. harj-ôs	baírdj-ôs	hirt-â	hruckj-â hrucki	hirt-e	rück-e
G. harj-û	baírdj-ê	hirt-ô	hruokeô, ô	hirt-e	rück-e
D. harj-am	baírdj-am	hirt-um, -im, -in	hruckj-um, im	hirt-en	rück-en
A. harj-ans	baírdj-ans	hirt-â	hruckj-â hrucki	hirt-e	rück-o
V. harj-ôs	baírdj-ôs	—	—	—	—

u, v im Ausgange des Stammes.

Sing. Nom. thiu-s	palo	sêo		sê
Gen. thiv-is	palaw-is, -es	sêw-es		sêw-es
Dat. thiv-a	palaw-a, -e	sêw-o		sêw-e
Acc. thiu	palo	sêo		sê
Voc. thiu	—	—		—
Instr. —	palaw-û	sêw-û		—
Plur. Nom. thiv-ôs	palaw-â	sêw-â		sêw-e
Gen. thiv-ê	palaw-ô	sêw-ô		sêw-e
Dat. thiv-am	palaw-um	sêw-um		sêw-en
Acc. thiv-ans	palaw-â	sêw-â		sêw-o
Voc. thiv-ôs	—	—		—

b) Femininum.

Sing. Nom. gib-a	këp-a		gëb-e
Gen. gib-ôs	këp-ô, -â		gëb-o
Dat. gib-ai	këp-ô, -u, -a		gëb-e
Acc. gib-a	këp-a		gëb-e
Voc. gib-a	—		—
Plur. Nom. gib-ôs	këp-ó, -â		gëb-e
Gen. gib-ô	[këp-ô] këp-ônô, ôn		gëb-on
Dat. gib-ôm	këp-òm, -ôn, -on		gëb-on
Acc. gib-ôs	këp-ò, -â		gëb-e
Voc. gib-ôs	—		—

Nebenarten.

i, j im Ausgange des Stammes.

Sy. N. sibj-a	bandi	sippj-a,	sippea, sipp-a	kartja, kertja,	kert-a	sipp-e	gert-e
G. sibj-ôs	bandj-ôs	sippj-ô	sippeô	sipp-ô, -â	kert-ô, -â	sipp-e	gert-e
D. sibj-ai	bandj-ai	sippj-ô		sipp-ô, -u	kert-ô, u	sipp-e	gert-e
A. sibj-a	bandj-a	sippj-a		sipp-a	kert-a	sipp-e	gert-e
V. sibj-a	bandi	—		—	—	—	—
Pl. N. sibj-ôs	bandj-ôs	sippj-ô		sipp-ô, -â	kert-ô, -â	sipp-e	gert-e
G. sibj-ô	bandj-ô	sippj-ônô		sipp-ônô	kert-ônô	sipp-en	gert-en
D. sibj-ôm	bandj-ôm	sippj-ôm		sipp-ôm	kert-ôm	sipp-en	gert-en
A. sibj-ôs	bandj-ôs	sippj-ô		sipp-ô, -â	kert-ô, -â	sipp-e	gert-e
V. sibj-ôs	bandj-ôs	—		—	—	—	—

u, v im Ausgange des Stammes.

Sing. Nom.	salithv-a	salid-a,		selid-a, seld-a		seld-o
Gen.	salithv-ôs	salid-ô, -û				seld-c
Dat.	salithv-ai	salid-ô-a				seld-o
Acc.	salithv-a	salid-a				seld-c
Voc.	salithv-a	—				—
Plur. Nom.	salithv-ôs	salid-ô				seld-c
Gen.	salithv-ô	salid-ônô, -ôn				seld-en
Dat.	salithv-ôm	salid-ôm, -ôn				seld-en
Acc.	salithv-ôs	salid-ô				seld-c
Voc.	salithv-ôs	—				—

c) Neutrum.

Sing. Nom.	vaúrd	wort			wort			
Gen.	vaúrd-is	wort-es			wort-es			
Dat.	vaúrd-a	wort-a			wort-e			
Acc.	vaúrd	wort			wort			
Voc.	vaúrd	—			—			
Instr.	—	wort-û			—			
Plur. Nom.	vaúrd-a	wort	hûsir	pletir	wort	hiuser	bletor
Gen.	vaúrd-ê	wort-ó	hûsir-o	pletir-ô	wort-e	hiuser	bleter-e
Dat.	vaúrd-am	wort-um	hûsir-um	pletir-um	wort-en	hiuser-n	bleter-en
Acc.	vaúrd-a	wort	hûsir	pletir	wort	hiuser	bleter
Voc.	vaúrd-a	—			—		

Nebenarten.
i, j im Ausgange des Stammes.

Sing. Nom.	kuni	andbahti	chunni	künne
Gen.	kunj-is	andbaht eis	chunnj-es, chunn-es	künn-es
Dat.	kunj-a	andbahtj-a	chunnj-e, chunn-e	künn-e
Acc.	kuni	andbahti	chunni	künne
Voc.	kuni	andbahti	—	—
Instr.	—	—	chunnj-û, chunn-û	—
Plur. Nom.	kunj-a	andbahtj-a	chunnj-u, chunn-u, chunni	künn-e
Gen.	kunj-ê	andbahtj-ê	chunnj-ô (eô), chunu-ô	künn-e
Dat.	kunj-am	andbahtj-am	chunnj-um, chunn-um, -un	künn-en
Acc.	kunj-a	andbahtj-a	chunnj-u, chunu-u, chunni	künn-e
Voc.	kunj-a	andbahtj-a	—	—

u, v im Ausgange des Stammes.

Sing. Nom.	kniu	chniu,	chnio, chnëo	knie
Gen.	kniv-is	chniw-es	chnëw-es	kniew-es
Dat.	kniv-a	chniw-e	chnëw-e	kniew-e
Acc.	kniu	chniu,	chnio, chnëo	knie
Voc.	kniu	—	—	—
Instr.	—	chniw-û	chnëw-û	—
Plur. Nom.	kniv-a	chniu,	chnio, chnëo	knie
Gen.	kniv-ê	chniw-ô	chnëw-ô	kniew-e
Dat.	kniv-am	chniw-um	chnëw-um	kniew-en, knien
Acc.	kniv-a	chniu,	chnio, chnëo	knie
Voc.	kniv-a	—	—	—

2. Die I-Flexion.

a) Masculinum.

Sg. wie in der A-Flexion.

Sing. Nom.	balg-s	palc	balc
Gen.	balg-is	palk-es	balg-es
Dat.	balg-a	palk-a, -e	balg-e
Acc.	balg	palk	balc
Voc.	balg	—	—
Instr.	—	palk-û, -u, -o	—
Plur. Nom.	balg-eis	pelk-î, -i, -e	belg-e
Gen.	balg-ô	pelk-jô, -ëô, -ô, -o	belg-e
Dat.	balg-im	pelk-im, -in, -en	belg-en
Acc.	balg-ins	pelk-î, -i, -e	belg-e
Voc.	balg-eis	—	—

Nebenart
u, v im Ausgange des Stammes.

Sing. Nom.	nau-s
Gen.	nav-is
Dat.	nav-a
Acc.	nau
Voc.	nau
Plur. Nom.	nav-eis
Gen.	nav-ô
Dat.	nav-im
Acc.	nav-ins
Voc.	nav-eis

b) Femininum.

Sing. Nom.	anst-s	anst	kraft
Gen.	anst-ais	enst-î, -i, -e, anst	kreft-e, kraft
Dat.	anst-ai	enst-î, -i, -e, anst	kreft-e, kraft
Acc.	anst	anst	kraft
Voc.	anst	—	—

Plur. = Plur. Mascul.

Plur. Nom.	anst-eis	enst-î, -i, -e	kreft-e
Gen.	anst-ô	enst-jô, -ëô, -ô, -o	kreft-e
Dat.	anst-im	enst-im, -in, -en	kreft-en
Acc.	anst-ins	enst-î, -i, -e	kreft-e
Voc.	anst-eis	—	—

c) Neutrum
fehlt.

3. Die U-Flexion.

a) Masculinum.

			Übergang in die I-Flexion.		
Sing. **Nom.**	sun-us	sun-u, -o	sun	sit-∘	sun(-e)
Gen.	sun-aus	sun-es		sit-es	sun-es
Dat.	sun-au	sun-ju, -u, -e		sit-e	sun-e
Acc.	sun-u	sun-u, -o	sun	sit-e	sun(-e)
Voc.	sun-u, au	—		—	
Instr.	—	sun-jû, -û, -u, -o		—	

		Pl. in d. I-Flex. übergetr.	Reste d. U-Flex.		
Plur. **Nom.**	sun-jus	sun-î, -i, -e	-[j]u	sit-e	sün-e
Gen.	sun-ivê	sun-jô, -ëô, ô, -o		sit-e	sün-e
Dat.	sun-um	sun-im, -in, -en	-[j]um, un	sit-en	sün-en
Acc.	sun-uns	sun-î, -i, -c	-[j]u	sit-e	sün-e
Voc.	sun-jus	—		—	

Nebenart.

i, j im Ausgange des Stammes.

Sing. **Nom.**	stubj-us	stuppi (Neutrum geworden)
Gen.	stubj-aus	stupp-es
Dat.	stubj-au	stupp[-u]-e
Acc.	stubj-u	stuppi
Voc.	stubj-u	—
Instr.	—	[stupp-jû]

Plur. **Nom.**	[stubj-us]	[stuppî]
Gen.	[stubj-ivê oder stub-ivê]	u. s. w. kommt nicht vor,
Dat.	[stubj-um]	wol wie sunî
Acc.	[stubj-uns]	
Voc.	[stubj-us]	

b) Femininum.

wie Mascul.

Sing. **Nom.**	hand-us	Ist im Ahd. eingegangen, in	Mhd. wie Ahd.
Gen.	hand-aus	die feminische I-Flexion	Dat. Plur. häufiger
Dat.	hand-au	übergetreten. Überreste der	handen.
Acc.	hand-u	Dat. Pl. hantum, un, om, on	
Voc.	hand-u, au	statt des seltneren hentin.	

Plur. **Nom.**	hand-jus
Gen.	hand-ivô
Dat.	hand-um
Acc.	hand-uns
Voc.	hand-jus

Nebenart.

i, j im Ausgange des Stammes.

Sing. Nom. vaddj-us
Gen. vaddj-aus
Dat. vaddj-au
Acc. vaddj-u
Voc. vaddj-u

Plur. Nom. [vaddj-us]
Gen. [vaddj-ivô]
Dat. [vaddj-um]
Acc. [vaddj-uns]
Voc. [vaddj-us]

c) **Neutrum.**

Sing. Nom.	faíh-u	fih-u, -o	vih-e
Gen.	faíh-aus	fih-es	vih-es
Dat.	faíh-au	fih[-ju], -e	vih-e
Acc.	faíh-u	fih-u, -o	vih-e
Voc.	faíh-u	—	—
Instr.	—	[fih-jû]	—
Plur. Nom.	[faíh-ju]	fih-ju, -u, -o	vih-e
Gen.	[faíh-ivé]	fih-[jô], -ô	vih-c
Dat.	[faíh-jum]	fih-[im], -en	vih-en
Acc.	[faíh-ju]	fih-ju, -u, -o	vih-e
Voc.	[faíh-ju]	—	—

Zusammenstellung der gothischen schwachen Declination der Substantiva.

A-Flexion.

	Masculinum.	Femininum.	Neutrum.
Sing. Nom.	han-a	tugg-ô	haírt-ô
Gen.	han-ins	tugg-ôns	haírt-ins
Dat.	han-in	tugg-ôn	haírt-in
Acc.	han-an	tugg-ôn	haírt-ô
Voc.	han-a	tugg-ô	haírt-ô
Plur. Nom.	han-ans	tugg-ôns	haírt-ôna
Gen.	han-anô	tugg-ônô	haírt-anê
Dat.	han-am	tugg-ôm	haírt-am
Acc.	han-ans	tugg-ôns	haírt-ôna
Voc.	han-ans	tugg-ôns	haírt-ôna

I-Flexion.

Sing. Nom.	Masc. fehlt.	manag-ci	Neutr. fehlt.
Gen.		manag-cins	
Dat.		manag-cin	
Acc.		manag-cin	
Voc.		manag-ci	
Plur. Nom.		manag-cins	
Gen.		manag-cinô	
Dat.		manag-cim	
Acc.		manag-cins	
Voc.		manag-eins	

U-Flexion.

Sing. Nom.	[byss-au]	Genus unbestimmt.
Gen.	[byss-auns]	
Dat.	byss-aun	
Acc.	byss-aun	
Voc.	[byss-au]	

Plur. kommt nicht vor.

Zusammenstellung der althochdeutschen schwachen Declination der Substantiva.

A-Flexion.

Sing. Nom.	han-o	zunk-â	hërz-a
Gen.	han-in	zunk-ûn	hërz-in
Dat.	han-in	zunk-ûn	hërz-in
Acc.	han-un	zunk-ûn	hërz-a
Plur. Nom.	han-un	zunk-ûn	hërz-ûn
Gen.	han-ônô	zunk-ônô	hërz-ônô
Dat.	han-ôm	zunk-ôm	hërz-ôm
Acc.	han-un	zunk-ûn	hërz-ûn

I-Flexion.

Masc. fehlt.	Sing. Nom. manak-în	Plur. Nom. manak-in	Neutr. fehlt.	
	Gen. manak-in	Gen. manak-îno	..	
	Dat. manak-in	Dat. manak-im		
	Acc. manak-in	Acc. manak-în		

U-Flexion.
erloschen.

Schwache Declination der Substantiva im Gothischen, Althochdeutschen und Mittelhochdeutschen.

1. A-Flexion.

Masculinum.

		Goth.	Ahd.		Mhd.
Sing.	*Nom.*	han-a	han-o		has-e
	Gen.	han-ins	han-in, -en		has-en
	Dat.	han-in	han-in, -en		has-en
	Acc.	han-an	han-un, -on		has-en
Plur.	*Nom.*	han-ans	han-un, -on, -en		has-en
	Gen.	han-ane abnê	han-ônô, -ôn		has-en
	Dat.	han-am abnam	han-ôm, -ôn-, -on		has-en
	Acc.	han-ans	han-un, -on, -en		has-en

Nebenart.
i, j im Ausgange des Stammes.

Sing.	*Nom.*	vilj-a	willj-o, will eo,	will-o	will-e
	Gen.	vilj-ins	willj-iu	will-in	will-en
	Dat.	vilj-in	willj-in	will-in	will-en
	Acc.	vilj-an	willj-un, will eon,	will-un, -on	will-en
Plur.	*Nom.*	vilj-ans	willj-un	will-un	will-en
	Gen.	vilj-anê	willj-ônô	will-ônô	will-en
	Dat.	vilj-am	willj-ôm	will-ôm	will-en
	Acc.	vilj-ans	willj-un	will-un	will-en

Femininum.

Sing.	*Nom.*	tugg-ô	zunk-â	zung-e
	Gen.	tugg-ôns	zunk-ûn	zung-en
	Dat.	tugg-ôn	zunk-ûn	zung-en
	Acc.	tugg-ôn	zunk-ûn	zung-en
Plur.	*Nom.*	tugg-ôns	zunk-ûn	zung-en
	Gen.	tugg-ônô	zunk-ônô, -ôno, -ôn	zung-en
	Dat.	tugg-ôm	zunk-ôm, -om, -on, -un	zung-en
	Acc.	tugg-ôns	zunk-ûn	zung-en

Nebenart.
i, j im Ausgange des Stammes.

Sing.	*Nom.*	rathj-ô	radj-â, redj-â
	Gen.	rathj-ôns	redj-ûn
	Dat.	rathj-ôn	redj-ûn
	Acc.	rathj-ôn	red-ûn
Plur.	*Nom.*	rathj-ôns	redj-ûn
	Gen.	rathj-ônô	radj-ônô
	Dat.	rathj-ôm	redj-ôm
	Acc.	rathj-ôns	redj-ûn

Neutrum.

Sing. Nom.	haírt-ô	hërz-â, -a	hërz-e
Gen.	haírt-ins	hërz-in, -en	hërz-en
Dat.	haírt-in	hërz-in, -en	hërz-en
Acc.	haírt-ô	hërz-â, -a	hërz-en
Plur. Nom.	haírt-ôna vatna	hërz-ûn, -un, -on, -en	hërz-en
Gen.	haírt-anê [vatnê]	hërz-ônô, ôno, -òu	hërz-en
Dat.	haírt-am vatnam	hërz-ôm, -om, -on, -un	hërz-en
Acc.	haírt-ôna vatna	herz-ûn, -un, -on, -en	hërz-en

2. I-Flexion.

Masculinum
nicht vorhanden.

Femininum.

Sing. Nom.	manag-ei	manak-în	Im Mhd. eingegangen bis auf
Gen.	manag-eins	manak-în	geringe mundartliche Reste:
Dat.	manag-ein	manak-în	-în durch alle Casus des Sg. u.
Acc.	manag-ein	manak-îu	im Nom. u. Acc. Pl.: menegîn.
			Meist übergetr. in d. st. A-Flex.

st. A-Flex.

Plur. Nom. manag-eins manak-în, -în, -înâ
Gen. manag-einô manak-înô, -în, -înôn
Dat. manag-eim manak-îm, -în, -înôn, -înum, -înun, -înon
Acc. manag-eins manak-în, -în, -înâ

Sing. Nom. guat-î	
Gen. guat-î	
Dat. guat-î	
Acc. guat-î	

Übergang in die st. I-Flex.

Plur. Nom. guat-î	witz-î
Gen. guat-î	witz-ô
Dat. guat-î	witz-in
Acc. guat-î	witz-î

Neutrum
nicht vorhanden.

3. U-Flexion.

Im Goth. geringe Reste.   Im Ahd. erloschen. Desgl. im Mhd.

Sg. N. [byss-au]   *Pl.* N. [byss-auns]
G. [byss-auns]   G. [byss-aunô od. ê]
D. byss-aun   D. [byss-aum]
A. byss-aun   A. [byss-auns]
V. [byss-au]   V. [byss-auns]

Synkope und Apokope des Casus -e nach Liquiden bei der Declination der Substantiva im Mhd.

1. Bei Wörtern mit wurzelhafter Liquida

starker Declination.

	Mascul.				Femin.			Neutr.	
Sing. Nom.	kil	har	man	zal	schar	ram	man	zil	spër
Gen.	kils	hars	mans	zal	schar	ram	man	zils	spërs
Dat.	kil	har	man	zal	schar	ram	man	zil	spër
Acc.	kil	har	man	zal	schar	ram	man	zil	spër
Plur. Nom.	kil	har	man	zal	schar	ram	man	zil	spër
Gen.	kil	har	man	zaln	scharn	ramen	manen	zil	spër
Dat.	kiln	harn	manen	zaln	scharn	ramen	manen	ziln	spërn
Acc.	kil	har	man	zal	schar	ram	man	zil	spër

schwacher Declination.

	Mascul.				Femin.			Neutr.
Sing. Nom.	kol	ar	nam	han	kël	bir	an	kein Beispiel.
Gen.	koln	arn	namen	hanen	këln	birn	anen	
Dat.	koln	arn	namen	hanen	këln	birn	anen	
Acc.	koln	arn	namen	hanen	këln	birn	anen	
Plur. Nom.	koln	arn	namen	hanen	këln	birn	anen	
Gen.	koln	arn	namen	hanen	këln	birn	anen	
Dat.	koln	arn	namen	hanen	këln	birn	anen	
Acc.	koln	arn	namen	hanen	këln	birn	anen	

2. Bei Wörtern auf el er em en mit vorausgehender langer Wurzelsilbe

starker Declination.

	Mascul.				Femin.		Neutr.	
Sg. N.	engel	acker	âtem	meiden	vinster	tougen	îsen	laster
G.	engels	ackers	âtems	meidens	vinster	tougen	îsens	lasters
D.	engel	acker	âtem	meiden	vinster	tougen	îsen	laster
A.	engel	acker	âtem	meiden	vinster	tougen	îsen	laster

Pl. in er

Pl. N.	engel	acker	âtem	meiden	vinster	tougen	îsen	laster wiber
G.	engel	acker	âtem	meiden	vinstern	tougen	îsen	laster wiber
D.	engeln	ackern	âtemen	meiden	vinstern	tougen	îsen	lastern wibern
A.	engel	acker	âtem	meiden	vinster	tougen	îsen	laster wiber

schwacher Declination.

	Mascul.		Femin.		Neutr.
Sing. Nom.	heiden	oder heiden	geisel	åder	ohne Beispiel.
Gen.	heidenen	heiden	geiseln	ådern	
Dat.	heidenen	heiden	geiseln	ådern	
Acc.	heidenen	heiden	geiseln	ådern	
Plur. Nom.	heidenen	heiden	geiseln	ådern	
Gen.	heidenen	heiden	geiseln	ådern	
Dat.	heidenen	heiden	geiseln	ådern	
Acc.	heidenen	heiden	geiseln	ådern	

3. **Bei Wörtern auf el er em en mit vorausgehender kurzer Wurzelsilbe**

starker Declination.

	Mascul.				Femin.		
Sing. Nom.	nagel	éber	kradem	sëgen	vrevele	vëdere	ëbene
Gen.	nageles	ëberes	krademes	sëgenes	vrevele	vëdere	ëbene
Dat.	nagele	ëbere	krademe	sëgene	vrevele	vëdere	ebene
Acc.	nagel	éber	kradem	sëgen	vrevele	vëdere	ebene
Plur. Nom.	nagele	ëbere	krademe	sëgene	vrevele	vëdere	ëbene
Gen.	nagele	ëbere	krademe	sëgene	vrevelen	vëderen	ëbenen
Dat.	nagelen	ëberen	krademen	sëgenen	vrevelen	vëderen	ëbenen
Acc.	nagele	ëbere	krademe	sëgene	vrevele	vëdere	ëbene

Neutr.

Plur. in er.

Sing. Nom.	lëger	gadem	*Plur. Nom.*	lëger	gadem	reder	telr
Gen.	lëgeres	gademes	*Gen.*	lëgere	gademe	redere	telre
Dat.	lëgere	gademe	*Dat.*	lügeren	gademen	rederen	telren
Acc.	lëger	gadem	*Acc.*	lëger	gadem	reder	telr

schwacher Declination.

	Mascul.			Femin.		Neutr.
Sing. Nom.	nabele	vetere	bëseme	twehele	kamere	ohne Beispiel.
Gen.	nabelen	veteren	bësemen	twehelen	kameren	
Dat.	nabelen	veteren	bësemen	twehelen	kameren	
Acc.	nabelen	veteren	bësemen	twehelen	kameren	
Plur. Nom.	nabelen	veteren	bësemen	twehelen	kameren	
Gen.	nabelen	veteren	bësemen	twehelen	kameren	
Dat.	nabelen	veteren	bësemen	twehelen	kameren	
Acc.	nabelen	veteren	bësemen	twehelen	kameren	

Zusammenstellung der Declination der Substantiva im Neuhochdeutschen.

1. Starke Declination.

	Mascul.	Femin.	Neutr.
Sing. Nom.	Tag		Wort
Gen.	Tag-es, -s		Wort-es, -s
Dat.	Tag-e, —		Wort-e, —
Acc.	Tag		Wort

			Plur. in er.
Plur. Nom.	Tag-e		Wort-e Wörter
Gen.	Tag-e		Wort-e Wörter
Dat.	Tag-en		Wort-en Wörter-n
Acc.	Tag-e		Wort-e Wörter

Bildungen auf el er en em. Bildungen auf el er en
Sg. N.	Engel	Marder	Morgen	Atem
G.	Engel-s	Marder-s	Morgen-s	Atem-s
D.	Engel	Marder	Morgen	Atem
A.	Engel	Marder	Morgen	Atem

Pl. N.	Engel	Marder	Morgen	Atem
G.	Engel	Marder	Morgen	Atem
D.	Engel-n	Marder-n	Morgen	Atem-en
A.	Engel	Marder	Morgen	Atem

Siegel Fuder Zeichen
wie im Mascul.

Sing. Nom.	Balg	Kraft	Neutr. nicht vorhanden.
Gen.	Balg-es, -s	Kraft	
Dat.	Balg-e, —	Kraft	
Acc.	Balg	Kraft	

Plur. Nom.	Bälg-e	Kräft-e
Gen.	Bülg-e	Kräft-e
Dat.	Bülg-en	Kräft-en
Acc.	Bülg-e	Kräft-e

Die Bildungen auf el er en.   Die Bildungen in er.
Apfel Pl. Äpfel   Mutter Pl. Mütter
Acker   Äcker   sonst wie in der
Boden   Böden   1. im Masc.
sonst wie in d. 1. Decl.

Sing. Nom.	Käs-e		Gestad-e
Gen.	Käs-es		Gestad-es
Dat.	Käs-e		Gestad-e
Acc.	Käs-e		Gestad-e

Femin. fehlt.

Plur. Nom.	Käs-e	Gestad-e
Gen.	Käs-e	Gestad-e
Dat.	Käs-en	Gestad-en
Acc.	Käs-e	Gestad-e

2. Schwache Declination.

	Mascul.		Femin.	Neutr.
Sing. Nom.	Has-e	Mensch	Femin. eingegangen.	Neutr. ebenfalls.
Gen.	Has-en	Mensch-en		
Dat.	Has-en	Mensch-en		
Acc.	Has-en	Mensch-en		
Plur. Nom.	Has-en	Mensch-en		
Gen.	Has-en	Mensch-en		
Dat.	Has-en	Mensch-en		
Acc.	Has-en	Mensch-en		

Sing. Nom. Nachbar
Gen. Nachbar-n
Dat. Nachbar-n
Acc. Nachbar-n

Plur. Nom. Nachbar-n
Gen. Nachbar-n
Dat. Nachbar-n
Acc. Nachbar-n

3. Gemischte Declination.

Sing. Nom.	Staat	Schaar	Bett
Gen.	Staat-es, -s	Schaar	Bett-es
Dat.	Staat-e, —	Schaar	Bett-e
Acc.	Staat	Schaar	Bett
Plur. Nom.	Staat-en	Schaar-en	Bett-en
Gen.	Staat-en	Schaar-en	Bett-en
Dat.	Staat-en	Schaar-en	Bett-en
Acc.	Staat-en	Schaar-en	Bett-en

Bildungen auf el er
Sg. Stachel   Vetter
wie in der 1. st. masc.

Pl. Stachel-n Vetter-n
Stachel-n Vetter-n
Stachel-n Vetter-n
Stachel-n Vetter-n

Bildungen auf el er
Sg. Gabel   Feder
durch alle Casus.

Pl. Gabel-n Feder-n
wie im Masc.

Sing. Nom.	Masc. nicht vorhanden.	Gab-e	Zung-e	Aug-e
Gen.		Gab-e	Zung-e	Aug-es
Dat.		Gab-e	Zung-e	Aug-e
Acc.		Gab-e	Zung-e	Aug-e
Plur. Nom.		Gab-en	Zung-en	Aug-en
Gen.		Gab-en	Zung-en	Aug-en
Dat.		Gab-en	Zung-en	Aug-en
Acc.		Gab-en	Zung-en	Aug-en

Sing. Nom. Will-e	Femin. fehlt..	Herz(-e)
Gen. Will-ens		Herz-ens
Dat. Will-en		Herz-en
Acc. Will-en		Herz(-e)
Plur. Nom. Will-en		Herz-en
Gen. Will-en		Herz-en
Dat. Will-en		Herz-en
Acc. Will-en		Herz-en
Sing. Nom. Bog-en	Femin. fehlt.	Neutr. fehlt.
Gen. Bog-ens		
Dat. Bog-en		
Acc. Bog-en		
Plur. Nom. Bog-en		
Gen. Bog-en		
Dat. Bog-en		
Acc. Bog-en		
Sing. Nom. Gart-en	Femin. fehlt.	Neutr. fehlt.
Gen. Gart-ens		
Dat. Gart-en		
Acc. Gart-en		
Plur. Nom. Gärt-en		
Gen. Gärt-en		
Dat. Gärt-en		
Acc. Gärt-en		

Anomalien der substantivischen Declination.

1. Bildungen auf tar: die Benennungen der nächsten Verwandtschaftsgrade.

a) Masculina.

	Goth.	Ahd. A-Flex.	Ahd. Sg. ohne Flex.		Mhd.		Nhd.
Sing. Nom.	fadar	fatar	fater fatir		vater		Vater
Gen.	fadrs	[fataris] fateres	fater fatir		vater(ers)		Vaters
Dat.	fadr	[fatara] fatere	fater fatir		vater		Vater
Acc.	fadar	[fataran] fateran	fater fatir		vater		Vater

	Goth. U-Flex.	Ahd. A-Flex.			Mhd.		Nhd.
Plur. Nom.	fadrjus	fatarâ faterâ			vater	veter	Väter
Gen.	fadrê	[fatarô] faterô			vater	veter	Väter
Dat.	fadrum	[fatarum] faterum, un, on, in			vatern	retern	Vätern
Acc.	fadruns	fatarâ faterâ			vater	veter	Väter

	Goth.	Ahd.			Mhd.		Nhd.
Sing. Nom.	brôthar	pruodar		pruodar, er	bruoder		Bruder
Gen.	brôthrs	[pruodaris]		pruodar, er	bruoder		Bruders
Dat.	brôthr	[pruodara]		pruodar, er	bruoder		Bruder
Acc.	brôthar	[pruodaran]		pruodar, er	bruoder		Bruder

	Goth.	Ahd.			Mhd.		Nhd.
Plur. Nom.	brôthrjus	[pruodarâ] pruod(e)ri,		ere	bruoder	brüeder	Brüder
Gen.	brôthrê	[pruodarô] pruod(e)rô,		erô	bruoder	brüeder	Brüder
Dat.	brôthrum	pruodarum pruod(e)rum, un, on, oren			bruodern	brüedern	Brüdern
Acc.	brôthruns	[pruodarâ] pruod(e)râ,		ere	pruodar, er	bruoder	brüeder	Brüder

b) Feminina.

	Goth.	Ahd.			Mhd.		Nhd.
Sing. Nom.	[môdar]	[muotar] muoter			muoter		Mutter
Gen.		muoter			muoter		Mutter
Dat.		muoter			muoter		Mutter
Acc.		muoter			muoter		Mutter

Plur. Nom.		[muoterâ]	muoter	muoter nüeter	Mütter
Gen.		[muoterô]			Mütter
Dat.		[muoterum]			Müttern
Acc.		[muoterâ]	muoter		Mütter

		Sg. unflect.			
Sing. Nom.	svistar	[swüstar]	swëster		Schwester
Gen.	svistrs		swëster		Schwester
Dat.	svistr		swëster		Schwester
Acc.	svistar		swëster		Schwester
	U-Flex.	**Pl. A-Flex.**			
Plur. Nom.	svistrjus	swësterâ	swëster swësteron	Schwestern
Gen.	svistrê	[swësterô]			Schwestern
Dat.	svistrum	[swësterum]			Schwestern
Acc.	svistruns	swësterâ	swëster swësteren	Schwestern

		Sg. unflect.			
Sing. Nom.	daúhtar	[tohtar]	tohter		Tochter
Gen.	daúhtrs		tohter		Tochter
Dat.	daúhtr		tohter		Tochter
Acc.	daúhtar		tohter		Tochter
		Pl. A-Flex.		**Pl. schwach.**	
Plur. Nom.	daúhtrjus	toht(e)râ	tohter	tohterûn	Töchter
Gen.	daúhtrê	[tohterô]	töhter	tohterôn[ô]	Töchter
Dat.	daúhtrum	tohter[um]	un tohter[ôm] ôn	Töchtern
Acc.	daúhtruns	toht(e)râ	tohter töhter tohteren	Töchter

22

2. **Bildungen auf and, ónd: substantivische Declination des Participii Praesentis.**

Masculinum.

	Goth.	Ahd.		Mhd.
Sing. Nom.	frijônds	friunt	neben friunt	vriunt
Gen.	frijôndis	friuntes	friuntis	vriundes
Dat.	frijônd	friunt	friunte	vriunde
Acc.	frijônd	friunt	friunt	vriunt
Voc.	frijônd			
Plur. Nom.	frijônds	friunt	friuntâ	vriunt, vriunde
Gen.	frijôndê	friuntô	friuntô	vriunde
Dat.	frijôndam	friuntum (on)	friuntum (on)	vriunden
Acc.	frijônds	friunt	friuntâ	vriunt, vriunde
Voc.	frijônds			

3. Andere Wörter.

	Mascul.			Femin.	
	Goth.	Ahd.	Goth.		Ahd.
Sing. Nom.	mênôths	mánôd	baúrgs		purk
Gen.	mênôths	wie tac.	baúrgs		wie anst.
Dat.	mênôth		baúrg		
Acc.	[mênôth]		baúrg		
Voc.	[mênôth]		baúrg		
Plur. Nom.	mênôths		baúrgs		
Gen.	[mênôthê]		baúrgê		
Dat.	mênôthum		baúrgim		
Acc.	mênôths		baúrgs		
Voc.	mênôths		baúrgs		

So gehen: alhs, brusts, mitaths, miluks, spaúrds, dulths, vaíhts. Die 2 letzten auch regelmässig wie ansts.

Ahd. alle wie anst, nur prust im D. Pl. auch prustum, om (neben -im) mhd. brusten.

Femininum.

	Goth.	Ahd.		Mhd.		
Sing. Nom.	nahts	naht	naht	naht		
Gen.	nahts	nahtes	nahti, naht	nahtes	nehte	naht
Dat.	naht	nahte	nahti, naht	nahte	nehte	naht
Acc.	naht	naht	naht	naht		
Voc.	naht					
Plur. Nom.	nahts	naht	[nahti]	naht	nehte	
Gen.	nahtê	nahtô	[nahtjô]	nahte	nehte	
Dat.	nahtam	nahtum, on	nahtim	nahten	nehten	
Acc.	nahts	naht	[nahti]	naht	nehte	
Voc.	nahts					

4. Mischungen starker und schwacher Formen.

	Goth.	Ahd.	Mhd.	Nhd.
Sg. N.	manna	man	man	Mann
G.	mans	[man] mannis, es	man mannes	Mannes
D.	mann	man manne	man manne	Manne
A.	mannan	man mannan	man	Mann
V.	manna	—	—	—
Pl. N.	mans, mannans	man	man manne	Mannen Männer
G.	manné	mannô	man manne	Mannen Männer
D.	mannam	mannum, un, om, on man	mannen	Mannen Männern
A.	mans, mannans	man	man manne	Mannen Männer
V.	mans	—	—	—

Sg. N. fön
G. funins
D. funin
A. fön
Pl. kommt nicht vor.

5. fadrein.
Vgl. Grimms Gr. 1, 611. 4, 270.

Goth.

	Mascul.	Femin.	Neutr.
		I - Decl.	A - Decl.
Sing. Nom.		[fadreins]	[fadrein]
Gen.		fadreinais familiæ	fadreinis paternitatis
Dat.			[fadreina]
Acc.			[fadrein]
	Indecl.		
Plur. Nom.	fadrein parentes		fadreina parentes
Gen.			[fadreinê]
Dat.			fadreinam parentibus
Acc.	fadrein parentes		[fadreina]

Declination der Eigennamen im Goth. Ahd. Mhd.

Starke Declination.

Masculinum.

A - Flexion.

	Goth.		Ahd.		Mhd.	
Sg. N.	Adam	Christ	Petrus	Swâp	Gérnôt	Paris	Swâp
G.	Adamis	Christas, es	Petruses	Swâpes	Gérnôtes	Parises	Swâbes
D.	Adama	Christa, e	Petruse	Swâpe	Gérnôte	Parise	Swâbe
A.	Adam	Christan	Petrusan	Swâp	Gérnôt(en)	Paris(en)	Swâp

Pl. N.			Swâpâ		Swâbe
G.			Swâpô		Swâbe
D.			Swâpum		Swâben
A.			Swâpâ		Swâbe

Nebenart.

Sg. N.	Mailki	Kundahari	Rômâri	Rôthere	Rômære
G.	Mailkeis	Kundaharjis	Rômâres	Rôtheres	Rômæres
D.	[Meilkja]	Kundaharja	Rômâre	Rôthere	Rômære
A.	Mailki	Kundahari	Rômâri	Rôthere	Rômære

Pl. N.			Rômârâ		Rômære
G.			Rômârô		Rômære
D.			Rômârim		Rômæren
A.			Rômârâ		Rômære

I - Flexion.

Sg. N.	Saúr	Hûn	Mhd. zur schw. Decl.
G.	Saúris	Hûnes	getreten.
D.	Saúra	Hûna	
A.	Saúr	Hûn	

Pl. N.	Saúreis	Hûnî
G.	Saúrê	Hûneô
D.	Saúrim	Hûnim
A.	Saúrins	Hûnî

U - Flexion.

Sg. N.	Paitrus	Iudaius	Sikivridu	Mhd. zur A - Flex.
G.	Paitraus	Iudaiaus	[Sikivrides]	
D.	Paitrau	Iudaiau	[Sikivridju]	
A.	Paitru	Iudaiu	[Sikivridan]	

I-Flex.

Pl. N.	Iudaicis
G.	Indaiê
D.	Iudaiim Iudaium
A.	Iudaiins Iudaiuns

Femininum.

	Goth. Sg. A- u. I - Flex.	Ahd. A - Flex.	1. u. 2. Decl.	Mhd. 1. Decl.
Sg. N.	Iaírusaulyma Kréta	Rômâ Syriâ	Kriemhilt	Rômo Syre
G.	Iaírusaulymôs, ais	Rômô Syriô	Kriemhilte	Rômo Syre
D.	Iaírusaulymai	Rômô, u Syriô, u	Kriemhilte	Rôme Syre
A.	Iaírusaulyma	Rômâ Syriâ	Kriemhilte	Rôme Syre

Pl. I - Flex.
Pl. N. Iaírusaulymeis
G. Iaírusaulymé
D. Iaírusaulymim
A. Iaírusaulymius

Neutrum.

	A - Flexion.		
Sg. N.	Iairusaulém	Ierusalém	Ierusalém
G.	Iairusaulêmis	Ierusalémes	Ierusalêms
D.	[Iaírusauléma]	Ierusaléme	Ierusalém
A.	Iairusaulém	Ierusalém	Ierusalém

Pl. N. [Iaírusaulêmja]
G. Iaírusaulêmjê
D. Iaírusaulêmjam
A. [Iaírusaulêmja]

Schwache Declination.
Masculinum.

	A - Flexion.					
Sg. N.	Hélia	Annas	Prûno	Sahso	Etzel Hagene	Hagen Sahso
G.	Hélijins	Annins	Prûnin	Sahsin	Etzeln Hagenen	Hagen Sahsen
D.	Hélijin	Annin	Prûnin	Sahsin	Etzeln Hagenen	Hagen Sahsen
A.	Hélian	Annan	Prûnun	Sahsun	Etzeln Hagenen	Hagen Sahsen

Pl. N.		Sahsun	Sahsen
G.		Sahsônô	Sahsen
D.		Sahsôm	Sahsen
A.		Sahsun	Sahsen

Femininum.

	A - Flexion.		
Sg. N.	Damaskô	Marjá	Uote
G.	Damaskôns	Marjŭn	Uoten
D.	Damaskôn	Marjûn	Uoten
A.	Damaskôn	Marjûn	Uoten

I - Flexion.
Sg. N. Béthsfagei
G. Béthsfageins
D. Béthsfagein
A. Béthsfagein

masc. Flex.
Sg. N. Marja   Béthania   Samarja
G. Marjins   Béthanijins Samarjins
D. Marjin   Béthanijin   Samarjin
A. Marjan   Béthanian   Samarjan

Neutrum
fehlt.

Declination der Eigennamen im Neuhochdeutschen.

Starke Declination.

	Mascul.		Femin.	Neutr.	
Sg. N.	Wolf	Karl	Rom	Freiburg	Brabant
G.	Wolfs	Karls	Roms	Freiburgs	Brabants
D.	Wolf	Karl	Rom	Freiburg	Brabant
A.	Wolf	Karl	Rom	Freiburg	Brabant
Pl. N.	Wolfe	Karl(e)	Rome	Freiburge	Brabante
G.	Wolfe	Karl(e)	Rome	Freiburge	Brabante
D.	Wolfen	Karl(e)n	Romen	Freiburgen	Brabanten
A.	Wolfe	Karl(e)	Rome	Freiburge	Brabante

Bildungen auf el er.   Bildungen auf er en.

Sg. N.	Löbel	Schiller	Pfälzer	Münster	Gelnhausen	Hessen
G.	Löbels	Schillers	Pfälzers	Münsters	Gelnhausens	Hessens
D.	Löbel	Schiller	Pfälzer	Münster	Gelnhausen	Hessen
A.	Löbel	Schiller	Pfälzer	Münster	Gelnhausen	Hessen
Pl. N.	Löbel	Schiller	Pfälzer	Münster	Gelnhausen	Hessen
G.	Löbel	Schiller	Pfälzer	Münster	Gelnhausen	Hessen
D.	Löbeln	Schillern	Pfälzern	Münstern	Gelnhausen	Hessen
A.	Löbel	Schiller	Pfälzer	Münster	Gelnhausen	Hessen

mascul. Flexion
Sg. N. Hedwig
G. Hedwigs
D. Hedwig
A. Hedwig

Pl. N. Hedwige
G. Hedwige
D. Hedwigen
A. Hedwige

Sg. N. Göthe		Halle
G. Göthes		Halles
D. Göthe		Halle
A. Göthe		Halle
Pl. N. Göthe		Halle
G. Göthe		Halle
D. Göthen		Hallen
A. Göthe		Halle

männl. Flexion.
Sg. N. Marie
C. Maries
D. Marie
A. Marie
Pl. fehlt (schwach).

Sg. N. Wolf Karl Löbel Schiller Göthe	Hedwig Marie
G. Wolf Karl Löbel Schiller Göthe	Hedwig Marie
D. Wolf Karl Löbel Schiller Göthe	Hedwig Marie
A. Wolf Karl Löbel Schiller Göthe	Hedwig Marie
Plural	wie oben.

Schwache Declination.

Sg. N. Hans	Baier	Schwabe	Marie
G. Hansen	Baiern	Schwaben	Marien
D. Hansen	Baiern	Schwaben	Marien
A. Hansen	Baiern	Schwaben	Marien
Pl. N. Hansen	Baiern	Schwaben	Marien
G. Hansen	Baiern	Schwaben	Marien
D. Hansen	Baiern	Schwaben	Marien
A. Hansen	Baiern	Schwaben	Marien

Gemischte Declination.

Sg. N.	Hedwig	Ems	Schweiz
G.	Hedwig	Ems	Schweiz
D.	Hedwig	Ems	Schweiz
A.	Hedwig	Ems	Schweiz
Pl. N.	Hedwigen	Emsen	Schweizen
G.	Hedwigen	Emsen	Schweizen
D.	Hedwigen	Emsen	Schweizen
A.	Hedwigen	Emsen	Schweizen

Bildungen auf el und er.
Sg. Mosel   Eider
durch alle Casus.
Pl. Moseln   Eidern

Sing.	*Nom.*	Marie	Elbe
	Gen.	Marie	Elbe
	Dat.	Marie	Elbe
	Acc.	Marie	Elbe
Plur.	*Nom.*	Marien	Elben
	Gen.	Marien	Elben
	Dat.	Marien	Elben
	Acc.	Marien	Elben

Sing. Nom. Wolf
Gen. Wolfens
Dat. Wolfen
Acc. Wolfen
Pl. fehlt (stark).

                    mascul. Flexion.
Sing. Nom. Hedwig
Gen. Hedwigens
Dat. Hedwigen
Acc. Hedwigen

Plur. Hedwigen
durch alle Casus, wie in
der 1. gemischten Decl.

Sing. Nom. Göthe
Gen. Göthens
Dat. Göthen
Acc. Göthen

Pl. Göthen?

                    mascul. Flexion.
Sing. Nom. Marie
Gen. Mariens
Dat. Marien
Acc. Marien

Plur. Marien
durch alle Casus, wie in
d. 2. gemischten Decl.

Starke Declination der Adjectiva im Gothischen, Althochdeutschen, Mittelhochdeutschen und Neuhochdeutschen.

1. Die A-Flexion.

Goth.

Sing. Nom.	blind-s	blind-a	blind-ata, blind
Gen.	blind-is	blind-aiz-ôs	blind-is
Dat.	blind-amma	blind-ai	blind-amma
Acc.	blind-ana	blind-a	blind-ata, blind
Plur. Nom.	blind-ai	blind-ôs	blind-a
Gen.	blind-aiz-ê	blind-aiz-ô	blind-aiz-ê
Dat.	blind-aim	blind-aim	blind-aim
Acc.	blind-ans	blind-ôs	blind-a

Ahd.

Sing. Nom.	plint-êr, plint	plint-u, iu, plint	plint-az, plint
Gen.	plint-es	plint-êr-â, erô	plint-es
Dat.	plint-emu, emo	plint-êr-u, erô	plint-emu, emo
Acc.	plint-an	plint-a	plint-az, plint
Instr.	plint-u		plint-u
Plur. Nom.	plint-ê, â, plint	plint-ô, plint	plint-u, iu, plint
Gen	plint-êr-ô, erô	plint-êr-ô, erô	plint-êr-ô, erô
Dat.	plint-êm, ên	plint-êm, ên	plint-êm, ên
Acc.	plint-ê, â	plint-ô	plint-u, iu, plint

Mhd.

Sing. Nom.	blind-er	blind-iu	blind-ez daneben blint durch
Gen.	blind-es	blind-er	blind-es alle Casus u. Geschl.
Dat.	blind-em(e)	blind-er	blind-em(e)
Acc.	blind-en	blind-e	blind-ez
Plur. Nom.	blind-e	blind-e	blind-iu
Gen.	blind-er	blind-er	blind-er
Dat.	blind-en	blind-en	blind-en
Acc.	blind-e	blind-e	blind-iu

Nhd.

Sing. Nom.	blind-er	blind-e	blind-es
Gen.	blind-es	blind-er	blind-es
Dat.	blind-em	blind-er	blind-em
Acc.	blind-en	blind-e	blind-es
Plur. Nom.	blind-e	blind-e	blind-o
Gen.	blind-er	blind-er	blind-er
Dat.	blind-en	blind-en	blind-en
Acc.	blind-e	blind-e	blind-e

Nebenarten.
i, j im Ausgange des Stammes.

		Goth.	
Sing. Nom.	midi-s	midj-a	midj-ata, midi
Gen.	midj-is	midj-aiz-ôs	midj-is
Dat.	midj-amma	midj-ai	midj-amma
Acc.	midj-ana	midj-a	midj-ata, midi
Plur. Nom.	midj-ai	midj-ôs	midj-a
Gen.	midj-aiz-ô	midj-aiz-ô	midj-aiz-ô
Dat.	midj-aim	midj-aim	midj-aim
Acc.	midj-ans	midj-ôs	midj-a
Sing. Nom.	vilth eis	vilthj-a	vilthj-ata, vilthi
Gen.	vilth eis	vilthj-aiz-ôs	vilth eis
Dat.	vilthj-amma	vilthj-ai	vilthj-amma
Acc.	vilthj-ana	vilthj-a	vilthj-ata, vilthi
Plur. Nom.	vilthj-ai	vilthj-ôs	vilthj-a

u. s. w. wie das vorige Paradigma.

Ahd.

Sing. Nom.	mitj-êr, miti	mitj-u, miti	mitj-az, miti
Gen.	mitj-es	mitj-êr-â	mitj-es
Dat.	mitj-emu	mitj-êr-u	mitj-emu
Acc.	mitj-an	mitj-a	mitj-az, miti
Instr.	mitj-û	--	mitj-û
Plur. Nom.	mitj-ê, miti	mitj-ô, miti	mitj-u, miti
Gen.	mitj-êr-ô	mitj-ôr-ô	mitj-êr-ô
Dat.	mitj-êm	mitj-êm	mitj-êm
Acc.	mitj-a	mitj-ô	mitj-a, miti
Sing. Nom.	mittôr, mitti	mittiu, mitti	mittaz, mitti
Gen.	mittes	mittêrâ	mittes

gewöhnlich

u. s. w.

Sing. Nom.	wild-êr, wildi	wild-iu, wildi	wild-az, wildi
Gen.	wild-es	wild-êrâ	wild-es

u. s. w.

Mhd.

Im flexionslosen Zustande am Bildungs-e zu erkennen.
Umlaut bei seiner fähigen Wurzel.

unflect. mitte fl. mitter mittiu mittez
       wilde   wilder wildiu wildez
       blœde   blœder blœdiu blœdez

Nhd.

Das Bildungs-e meist abgeworfen. Umlaut.

       wild   wilder wilde wildes
       böse   böser böse böses

u. v im Ausgange des Stammes.

	Goth.	
Sing. Nom. vilv-s	vilv-a	vilv-ata, vilv
Gen. vilv-is	vilv-aiz-ôs	vilvis
	u. s. w.	

Sing. Nom. fav-s od. fau-s?	fav-a	fav-ata, fav od. fau?
Gen. fav-is	fav-aiz-ôs	fav-is
	u. s. w.	

Ahd.

Unfl.: gëlo flect.: gëlaw-êr   gëlaw-iu   gëlaw-az

Mhd.

gël   gëlw-er   gëlw-iu   gëlw-ez

Nhd.

gelb   gelber   gelbe   gelbes

2. Die I-Flexion

schon im Gothischen erloschen und in die Nebenart der A-Flexion übergegangen.
Sie lautete früher wahrscheinlich:

Sing. Nom.	sêl(i)s	sêl(i)s	sêl(i)
Gen.	sêlis	sêlaizais	sêlis
Dat.	sêlimma	sêlai	sêlimma
Acc.	sêlina	sêl(i)	sêl(i)

Plur. Nom.	sêleis	sêleis	sêli
Gen.		sêlaizô	
Dat.		sêlim	
Acc.	sêlins	sêlins	sêli

lautet nach der Überlieferung:

Sing. Nom.	sêls	sêls	sêl
Gen.	sêljis	sêljaizôs	sêljis
Dat.	sêljamma	sêljai	sêljamma
Acc.	sêljana	sêlja	sêl

Plur. Nom.	sêljai	sêljôs	sêlja
Gen.	sêljaizê	sêljaizô	sêljaizê
Dat.		sêljaim	
Acc.	sêljans	sêljôs	sêlja

Ahd.

[sâli]
unflect. hreini flect. hreinêr hreiniu hreinaz
ganz in die Nebenart der A-Flexion übergetreten.

u, v im Ausgange des Stammes.

Goth.

[navis]   navis   [navi]
[navjis] navjaizôs   navjis]
u. s. w.

3. Die U-Flexion

schon im Gothischen im Absterben, ebenfalls in die Nebenart der A-Flexion übergetreten. Sie lautete früher wahrscheinlich:

Sing. Nom.	hardus	hardus	hardu	filu
Gen.	hardaus	hardaizaus	hardaus	tilaus Adv.
Dat.	hardumma	hardau	hardumma	
Acc.	harduna	hardu	hardu	
Plur. Nom.	hardjus	hardjus	hardju	
Gen.		harduizivê		
Dat.		hardum		
Acc.	harduns	harduns	hardju	

lautet nach der Überlieferung:

Sing. Nom.	hardus	hardus	hardu, hardjata
Gen.	hardjis	hardjaizôs	hardjis
Dat.	hardjamma	hardjai	hardjamma
Acc.	hardjana	hardja	hardu, hardjata
Plur. Nom.	hardjai	hardjôs	hardja
Gen.	hardjaizô	hardjaizô	hardjaizê
Dat.	hardjaim	hardjaim	hardjaim
Acc.	hardjans	hardjôs	hardja

Ahd.
unflect. herti flect. hertêr hertiu hertaz

Mhd.
herte   herter hertiu hertez

Nhd.
hart   harter harte hartos

u, v im Ausgange des Stammes.

Goth.

manv-us   manv-us   manv-u, manv-jata
manv-jis manv-jaizôs manv-jis
u. s. w.

[glaggvus]
[blaggvus]

Ahd.
unflect.: glâo flect.: glâw-êr glâw-iu glâw-az
         blâo   plâw-êr plâw-iu plâw-az

Mhd.
blâ   blâwer blâwiu blâwez

Nhd.
blau   blauer blaue blaues

Andere Erklärung

(Ebels in Kuhns Ztschr. 5, 304—309) des Übertritts der adjectivischen I- und U-Stämme in die Ja-Declination, so wie der adjectivischen Declination überhaupt durch Verbindung des Adjectivstammes mit dem Pronomen ja (sanskr. jas jā jat, lit. jis ji), dessen Formen im Gothischen so zu vermuthen sind:

Sing Nom.	jis	ja	jata
Gen.	jis	jizôs	jis
Dat.	jamma	jizai	jamma
Acc.	jana	ja	jata
Plur. Nom.	jai	jôs	ja
Gen.	jizê	jizô	jizê
Dat.	jaim	jaim	jaim
Acc.	jans	jôs	ja

1. A-Stämme.

(Die cursiv gedruckten Formen aus der substantivischen Declination.)

Sing. Nom.	*blinds*	*blinda*	*blind*, blind(aj)ata
Gen.	*blindis*	blinda(j)izôs	*blindis*
Dat.	blind(aj)amma	[blinda(j)izai] blindai	blind(aj)amma
Acc.	blind(aj)ana	blind(aj)a	*blind*, blind(aj)ata
Plur. Nom.	blind(aj)ai	blind(aj)ôs	*blinda*, blind(aj)a
Gen.	blinda(j)izê	blinda(j)izô	blinda(j)izê
Dat.	blind(aj)aim	blind(aj)aim	blind(aj)aim
Acc.	blind(aj)ans	blind(aj)ôs	*blinda*, blind(aj)a

2. I-Stämme.

Sing. Nom.	*sêls*	*sêls*	*sêl*, sêl(i)jata
Gen.	*sêlis*	[sêl(i)jizôs] sêljaizôs	*sêlis*
Dat.	sêl(i)jamma	[sêl(i)jizai] sêljai	sêl(i)jamma
Acc.	sêl(i)jana	sêl(i)ja	*sêl*, sêl(i)jata
Plur. Nom.	sêl(i)jai	sêl(i)jôs	[sêl(i)ja]
Gen.	[sêl(i)jizê]	sêl(i)jizô	sêl(i)jizê] sêljaizê -jaizô
Dat.	sêl(i)jaim	sêl(i)jaim	sêl(i)jaim
Acc.	sêl(i)jans	sêl(i)jôs	[sêl(i)ja]

3. U-Stämme.

Sing. Nom.	*hardus*	*hardus*	*hardu*, hard(u)jata
Gen.	*hardaus*	[hard(u)jizos] hardjaizôs	*hardaus*
Dat.	hard(u)jamma	[hard(u)jizai] hardjni	hard(u)jamma
Acc.	hard(u)jana	hard(u)ja	*hardu*, hard(u)jata
Plur. Nom.	hard(u)jai	hard(u)jôs	[hard(u)ja]
Gen.	[hard(u)jizê]	hard(u)jizô	hard(u)jizê] hardjaizê -jaizô
Dat.	hard(u)jaim	hard(u)jaim	hard(u)jaim
Acc.	hard(u)jans	hard(u)jôs	[hard(u)ja]

Synkope und Apokope des Casus -e in der adjectivischen starken Declination im Mhd.

a) Einsilbig lange Wurzeln
wie blinder blindiu blindez s. oben S. 29.

b) Einsilbig kurze

α) mit Liquida im Auslaute

Sing.	*Nom.*	hol-r	hol-iu	hol-z	bar	bar-iu	bar-z
	Gen.	hol-s	hol-re	hol-s	bar-s	bar-re	bars
	Dat.	hol-me	hol-re	hol-me	bar-me	bar-re	bar-me
	Acc.	hol-n	hol	hol-z	bar-n	bar	bar-z
Plur.	*Nom.*	hol	hol	hol-iu	bar	bar	bar-iu
	Gen.	hol-re	hol-re	hol-re	bar-re	bar-re	bar-re
	Dat.	hol-n	hol-n	hol-n	bar-n	bar-n	bar-n
	Acc.	hol	hol	hol-iu	bar	bar	bar-iu
Sing.	*Nom.*	lam-r	lam-iu	lam-z	wan-r	wan-iu	wan-z
	Gen.	lam-s	lam-re	lam-s	wan-s	wan-re	wan-s
	Dat.	lam-me	lam-re	lam-me	wan-me	wan-re	wan-me
	Acc.	lam-en	lam	lam-z	wan-en	wan	wan-z
Plur.	*Nom.*	lam	lam	lam-iu	wan	wan	wan-iu
	Gen.	lam-re	lam-re	lam-re	wan-re	wan-re	wan-re
	Dat.	lam-en	lam-en	lam-en	wan-en	wan-en	wan-en
	Acc.	lam	lam	lam-iu	wan	wan	wan-iu

β) mit andern Consonanten

Sing.	*Nom.*	grob-er	grob-iu	grob-ez
	Gen.	grob-es	grob-ere	grob-es
	Dat.	grob-eme	grob-ere	grob-eme
	Acc.	grob-en	grob-e	grob-ez
Plur.	*Nom.*	grob-e	grob-e	grob-iu
	Gen.	grob-ere	grob-ere	grob-ere
	Dat.	grob-en	grob-en	grob-en
	Acc.	grob-e	grob-e	grob-iu

c) Mehrsilbige Bildungen mit el er en,

α) wenn die Wurzelsilbe kurz ist:

Sing.	*Nom.*	gogel-er	gogel-iu	gogel-ez	mager-er	mager-iu	mager-ez
	Gen.	gogel-es	gogel-er	gogel-es	mager-es	mager-er	mager-es
	Dat.	gogel-em	gogel-er	gogel-em	mager-em	mager-er	mager-em
	Acc.	gogel-en	gogel-e	gogel-ez	mager-en	mager-e	mager-ez
Plur.	*Nom.*	gogel-e	gogel-e	gogel-iu	mager-e	mager-e	mager-iu
	Gen.	gogel-er	gogel-er	gogel-er	mager-er	mager-er	mager-er
	Dat.	gogel-en	gogel-en	gogel-en	mager-en	mager-en	mager-en
	Acc.	gogel-e	gogel-e	gogel-iu	mager-e	mager-e	mager-iu

					β) wenn die Wurzelsilbe lang ist:		
Sing.	Nom.	ëben-er	ëben-iu	ëben-ez			
	Gen.	ëben-es	ëben-er	ëben-es			
	Dat.	ëben-em	ëben-er	ëben-em			
	Acc.	ëben-en	ëben-e	ëben-ez			
Plur.	Nom.	ëben-e	ëben-e	ëben-iu			
	Gen.	ëben-er	ëben-er	ëben-er			
	Dat.	ëben-en	ëben-en	ëben-en			
	Acc.	ëben-e	ëben-e	ëben-iu			
Sing.	Nom.	michel-r	michel-iu	michel-z	eigen-r	eigen-iu	eigen-z
	Gen.	michel-s	michel-re	michel-s	eigen-s	eigen-re	eigen-s
	Dat.	michel-me	michel-re	michel-me	eigen-me	eigen-re	eigen-me
	Acc.	michel-n	michel	michel-z	eigen	eigen	eigen-z
Plur.	Nom.	michel	michel	michel-iu	eigen	eigen	eigen-iu
	Gen.	michel-re	michel-re	michel-re	eigen-re	eigen-re	eigen-re
	Dat.	michel-n	michel-n	michel-n	eigen	eigen	eigen
	Acc.	michel	michel	michel-iu	eigen	eigen	eigen-iu
Sing.	Nom.	heiter	heiter-iu	heiter-z			
	Gen.	heiter-s	heiter-re	heiter-s			
	Dat.	heiter-me	heiter-re	heiter-me			
	Acc.	heiter-n	heiter	heiter-z			
Plur.	Nom.	heiter	heiter	heiter-iu			
	Gen.	heiter-re	heiter-re	heiter-re			
	Dat.	heiter-n	heiter-n	heiter-n			
	Acc.	heiter	heiter	heiter-iu			

Schwache Declination der Adjectiva im Goth., Ahd., Mhd. und Nhd.

Die schwache Dec'in. der Adject. genau wie die schw. Declin. der Subst.

1. Die A-Flexion.

Goth.

Sing.	Nom.	blind-a	blind-ô	blind-ô
	Gen.	blind-ins	blind-ôns	blind-ins
	Dat.	blind-in	blind-ôn	blind-in
	Acc.	blind-an	blind-ôn	blind-ô
Plur.	Nom.	blind-ans	blind-ôns	blind-ôna
	Gen.	blind-anê	blind-ônô	blind-anê
	Dat.	blind-am	blind-ôm	blind-am
	Acc.	blind-ans	blind-ôns	blind-ôna

Ahd.

	Sing. Nom.	plint-o	plint-â	plint-â
	Gen.	plint-in	plint-ûn	plint-in
	Dat.	plint-in	plint-ûn	plint-in
	Acc.	plint-un	plint-ûn	plint-â

	Plur. Nom.	plint-un	plint-ûn	plint-ûn
	Gen.	plint-ônô	plint-ônô	plint-ônô
	Dat.	plint-ôm	plint-ôm	plint-ôm, blind-ôn Notk. durch alle 3 Genera.
	Acc.	plint-un	plint-ûn	plint-ûn

Mhd.

	Sing. Nom.	blind-e	blind-e	blind-e
	Gen.	blind-en	blind-on	blind-en
	Dat.	blind-en	blind-en	blind-en
	Acc.	blind-en	blind-en	blind-e

	Plur. Nom.	blind-en	blind-en	blind-en
	Gen.	blind-en	blind-en	blind-en
	Dat.	blind-en	blind-en	blind-en
	Acc.	blind-en	blind-en	blind-en

Nhd.

	Sing. Nom.	blind-e	blind-e	blind-e
	Gen.	blind-en	blind-en	blind-en
	Dat.	blind-en	blind-en	blind-en
	Acc.	blind-en	blind-e	blind-e

Plur. Nom. blind-en u. s. w. wie Mhd.

Nebenarten.

i, j im Ausgange des Stammes.

Goth.

	Sing. Nom.	midj-a	midj-ô	midj-ô
	Gen.	midj-ins	midj-ôns	midj-ins
	Dat.	midj-in	midj-ôn	midj-in
	Acc.	midj-an	midj-ôn	midj-ô

	Plur. Nom.	midj-ans	midj-ôns	midj-ôna
	Gen.	midj-anê	midj-ônô	midj-anê
	Dat.	midj-am	midj-ôm	midj-am
	Acc.	midj-ans	midj-ôns	midj-ôna

Ahd.

	Sing. Nom.	mitj-o	mitj-â	mitj-â
	Gen.	mitj-in	mitj-ûn	mitj-in etc.

scheint ganz aufgegeben, dafür

	Sing. Nom.	mitt-o	mitt-â	mitt-â
	Gen.	mitt-in	mitt-ûn	mitt-in

Mhd. u. Nhd.

wie blinde (Umlaut).

2. Die I-Flexion.

Im eigentlichen Adjectivum erloschen und in die Nebenart der A-Flexion übergetreten. Für

   sêlei?   sêlei   sêlci?
       sûleins
       sêlein   u. s. w.

gilt nun

  sêlj-a   sêlj-ô   sêlj-ô
  sêlj-ins   sêlj-ôns   sêlj-ins
  selj-in   sêlj-ôn   selj-in u. s. w.

wie midja midjô midjô.

	Mascul.	Femin.			Neutr.
		Sup. um	Comp.	Part. Præs.	
Sg. N.	nicht vorhanden, geht	frum-ei	blindôz-ei	giband-ei	nicht vorhanden, geht
G.	nach der A-Flex.	frum-eins			nach der A-Flex.
D.		frum-ein			
A.		frum-ein			
Pl. N.		frum-eins			
G.		frum-einô			
D.		frum-eim			
A.		frum-eins			

3. Die U-Flexion.

Schon im Goth. erloschen, in die Nebenart der A-Flexion übergetreten. Für ein früheres wahrscheinliches

   hard-au?   hard-au   hard-au?
       hard-auns
       hard-aun u. s. w.

gilt nun

  hardj-a   hardj-ô   hardj-ô
  hartj-ins   hardj-ôns   hardj-ins u. s. w.

wie midja midjô midjô.

Declination der gesteigerten Adjectiva.

Comparativ.

Gothisch, nur schwach.

	A-Flex.	I-Flex.	A.-Flex.
Sing. Nom.	manag-iz-a	manag-iz-ei	manag-iz-ô
Gen.	manag-iz-ins	manag-iz-eins	manag-iz-ins
Dat.	manag-iz-in	manag-iz-ein	manag-iz-in
Acc.	manag-iz-an	manag-iz-ein	manag-iz-ô

Plur. Nom.	manag-iz-ans	manag-iz-cins	manag-iz-ôna
Gen.	manag-iz-anô	manag-iz-einô	manag-iz-anê
Dat.	manag-iz-am	manag-iz-eim	manag-iz-am
Acc.	manag-iz-ans	manag-iz-cins	manag-iz-ôna
Sing. Nom.	blind-ôz-a	blind-ôz-ei	blind-ôz-ô
Gen.	blind-ôz-ins	blind-ôz-eins	blind-ôz-ins

u. s. w. wie das vorige.

Ahd. schwach; ganz einzeln stark.

	A-Flex.	A-Flex.	A-Flex.
Sing. Nom.	plint-ôr-o	plint-ôr-â	plint-ôr-â
Gen.	plint-ôr-in	plint-ôr-ûn	plint-ôr-in
Dat.	plint-ôr-in	plint-ôr-ûn	plint-ôr-in
Acc.	plint-ôr-un	plint-ôr-ûn	plint-ôr-â
Plur. Nom.	plint-ôr-un	plint-ôr-ûn	plint-ôr-ûn
Gen.	plint-ôr-ônô	plint-ôr-ônô	plint-ôr-ônô
Dat.	plint-ôr-ôm	plint-ôr-ôm	plint-ôr-ôm
Acc.	plint-ôr-un	plint-ôr-ûn	plint-ôr-ûn
Sing. Nom.	pez-ir-o	pez-ir-â	pez-ir-â
Gen.	pez-ir-in	pez-ir-ûn	pez-ir-in

u. s. w. wie das vorige.

Mhd. schwach und stark.

Schwache Declination.

Sing. Nom.	blind-er	blind-er	blind-er
Gen.	blind-er-n	blind-er-n	blind-er-n
Dat.	blind-er-n	blind-er-n	blind-er-n
Acc.	blind-er-n	blind-er-n	blind-er
Plur. Nom.	blind-er-n	blind-er-n	blind-er-n

und so die übrigen Casus.

Sing. Nom.	michel-r-e	michel-r-e	michel-r-e
Gen.	michel-r-en	michel-r-en	michel-r-en

u. s. w.

Starke Declination.

Sing. Nom.	blind-er-r	blind-er-iu	blind-er-z
Gen.	blind-er-s	blind-er-re	blind-er-s
Dat.	blind-er-me	blind-er-re	blind-er-me
Acc.	blind-er-n	blind-er	blind-er-z
Plur. Nom.	blind-er	blind-er	blind-er-iu
Gen.	blind-er-re	blind-er-re	blind-er-re
Dat.	blind-er-n	blind-er-n	blind-er-n
Acc.	blind-er	blind-er	blind-er-iu

Sing. *Nom.*	michel-r-er	michel-r-iu	michel-r-ez
Gen.	michel-r-es	michel-r-er	michel-r-es
Dat.	michel-r-em	michel-r-er	michel-r-em
Acc.	michel-r-en	michel-r-e	michel-r-ez
Plur. *Nom.*	michel-r-e	michel-r-e	michel-r-iu
Gen.	michel-r-er	michel-r-er	michel-r-er
Dat.	michel-r-en	michel-r-en	michel-r-en
Acc.	michel-r-e	michel-r-e	michel-r-iu

Nhd. schwach und stark.
Schwache Declination.

Sing. *Nom.*	blind-er-e	blind-er-e	blind-er-e
Gen.	blind-or-(e)n	blind-or-(e)n	blind-er-(e)n
Dat.	blind-er-(e)n	blind-er-(e)n	blind-er-(e)n
Acc.	blind-er-(e)n	blind-er-e	blind-er-e
Plur. *Nom.*	blind-er-(e)n	blind-er-(e)n	blind-or-(e)n

und so durch alle übrigen Casus.

Starke Declination.

Sing. *Nom.*	blind-er-er	blind-er-e	blind-er-es
Gen.	blind-er-es	blind-er-er	blind-er-es
Dat.	blind-er-em	blind-er-er	blind-er-em

u. s. w. flectiert wie im Positiv blinder blinde blindes.

Superlativ.
Goth. stark und schwach.
Starke Declination wie der Positiv blind-s blind-a blind-ata.

Sing. *Nom.*	bat-ist-s	bat-ist-a	bat-ist-ata
Gen.	bat-ist-is	bat-ist-aizôs	bat-ist-is
Dat.	bat-ist-amma	bat-ist-ai	bat-ist-amma
Acc.	bat-ist-ana	bat-ist-a	bat-ist-ata
Plur. *Nom.*	bat-ist-ai	bat-ist-ôs	bat-ist-a
Gen.	bat-ist-aizê	bat-ist-aizô	bat-ist-aizê
Dat.	bat-ist-aim	bat-ist-aim	bat-ist-aim
Acc.	bat-ist-ans	bat-ist-ôs	bat-ist-a
Sing. *Nom.*	blind-ôst-s	blind-ôst-a	blind-ôst-ata
Gen.	blind-ôst-is	blind-ôst-aizôs	blind-ôst-is

wie das vorige.

Schwache Declination wie der Positiv blind-a blind-ô blind-ô.

Sing. Nom.	bat-ist-a	bat-ist-ô	bat-ist-ô
Gen.	bat-ist-ins	bat-ist-ôns	bat-ist-ins
Dat.	bat-ist-in	bat-ist-ôn	bat-ist-in
Acc.	bat-ist-an	bat-ist-ôn	bat-ist-ô
Plur. Nom.	bat-ist-ans	bat-ist-ôns	bat-ist-ôna
Gen.	bat-ist-anô	bat-ist-ônô	bat-ist-anê
Dat.	bat-ist-am	bat-ist-ôm	bat-ist-am
Acc.	bat-ist-ans	bat-ist-ôns	bat-ist-ôna
Sing. Nom.	blind-ôst-a	blind-ôst-ô	blind-ôst-ô
Gen.	blind-ôst-ins	blind-ôst-ôns	blind-ôst-ins

wie das vorige.

Ahd. stark und schwach.

Starke Declination wie der Positiv plint-êr plint-u plint-az.

Sing. Nom.	pezz-ist-êr	pezz-ist-u	pezz-ist-az
Gen.	pezz-ist-es	pezz-ist-êrâ	pezz-ist-es
Dat.	pezz-ist-emu	pezz-ist-êru	pezz-ist-emu

u. s. w.

Sing. Nom.	opar-ôst-êr	opar-ôst-u	opar-ôst-az

ebenso.

Schwache Declination wie der Positiv plint-o plint-â plint-â.

Sing. Nom.	pezz-ist-o	pezz-ist-â	pezz-ist-â
Gen.	pezz-ist-in	pezz-ist-ûn	pezz-ist-in
Dat.	pezz-ist-in	pezz-ist-ûn	pezz-ist-in

u. s. w.

Sing. Nom.	opar-ôst-o	opar-ôst-â	opar-ôst-â

ebenso.

Mhd. stark und schwach.

Starke Declination wie der Positiv blind-er blind-iu blind-es.

Sing. Nom.	blind-est-er	blind-est-iu	blind-est-ez
Gen.	blind-est-es	blind-est-er	blind-est-es
Dat.	blind-est-em	blind-est-er	blind-est-em

u. s. w.

Schwache Declination wie der Positiv blind-e blind-e blind-e.

Sing. Nom.	blind-est-e	blind-est-e	blind-est-e
Gen.	blind-est-en	blind-est-en	blind-est-en

u. s. w.

Nhd. stark und schwach.

Starke Declination wie der Positiv blind-er blind-e blind-es.

Sing. Nom.	blind-est-er	blind-est-e	blind-est-es
Gen.	blind-est-es	blind-est-er	blind-est-es

u. s. w.

Schwache Declination wie der Positiv blind-o blind-e blind-e.

Sing. Nom.	blind-est-e	blind-est-o	blind-est-e
Gen.	blind-est-en	blind-est-en	blind-est-en

u. s. w.

Declination der Participia.

1. Participium Activi.

Goth. schwach (im Nom. stark u. schwach.)

	A-Flex.	I-Flex.	A-Flex.
Sing. Nom.	giband-a, giband-s	giband-ei	giband-ô
Gen.	giband-ins	giband-eins	giband-ins
Dat.	giband-in	giband-ein	giband-in
Acc.	giband-an	giband-ein	giband-ô
Voc.	giband-a, giband-s	giband-ei	giband-ô
Plur. Nom.	giband-ans	giband-eins	giband-ôna
Gen.	giband-ané	giband-einô	giband-anô
Dat.	giband-am	giband-eim	giband-am
Acc.	giband-ans	giband-eins	giband-ôna
Voc.	giband-ans	giband-eins	giband-ôna

Ahd. stark und schwach.

Starke Declination wie plint-êr plint-u plint-az.

Sing. Nom.	këpant(j)-êr	këpantj-u	këpant(j)-az
Gen.	këpant(j)-es	këpant(j)-êrâ	këpant(j)-es

u. s. w.

Schwache Declination wie plint-o plint-â plint-â.

Sing. Nom.	këpant(j)-o	këpant(j)-â	këpant(j)-â
Gen.	këpant(j)-in	këpant(j)-ûn	këpant(j)-in

u. s. w.

Unflectiert (I-Form).

këpant-i	këpant-i	këpant-i

Mhd. stark und schwach.

Starke Declination wie blind-er blind-iu blind-ez.

Sing. *Nom.*	göbend-er	göbend-iu	göbend-ez
Gen.	göbend-es	göbend-er	göbend-es

u. s. w.

Schwache Declination wie blind-e blind-e blind-e.

Sing. *Nom.*	göbend-e	göbend-e	göbend-e
Gen.	göbend-en	göbend-en	göbend-en

u. s. w.

Nhd. stark und schwach.

Starke Declination wie blind-er blind-e blind-es.

Sing. *Nom.*	gebend-er	gebend-e	gebend-es
Gen.	gebend-es	gebend-er	gebend-es

u. s. w.

Schwache Declination wie blind-e blind-e blind-e.

Sing *Nom.*	gebend-e	gebend-e	gebend-e
Gen.	gebend-en	gebend-en	gebend-en

u. s. w.

2. Participium Passivi.

a) In starker Conjugation.

Goth. stark und schwach.

Starke Declination wie blind-s blind-a blind.

Sing. *Nom.*	giban-s	giban-a	giban
Gen.	giban-is	giban-aizôs	giban-is
Dat.	giban-amma	giban-ai	giban-amma
Acc.	giban-ana	giban-a	giban

u. s. w.

Schwache Declination wie blind-a blind-ô blind-ô.

Sing. *Nom.*	giban-a	giban-ô	giban-ô
Gen.	giban-ins	giban-ôns	giban-ins
Dat.	giban-in	giban-ôn	giban-in

u. s. w.

Ahd.

stark	këpan-êr	këpan-u	këpan-az
		wie plintêr, -u, -az.	
schwach	këpan-o	këpan-û	këpan-û
		wie plinto, -â, -â.	

Mhd.

stark	gegüben - er	gegëben - iu	gegüben - cz
	wie öbener S. 35. Langsilbige wie eigenr ib.		
schwach	gegüben - e	gegëben - e	gegüben - e
	Langsilbige ohne Flexion durch alle Casus: gevangen.		

Nhd.

stark	gegeb(e)n - er	gegeb(e)n - e	gegeb(e)n - es
	wie blind - er, - e, - es.		
schwach	gegeb(e)n - e	gegeb(e)n - e	gegeb(e)n - e
	wie blind - e, - e, - e.		

b) In schwacher Conjugation.

Goth. stark:

Sing.	Nom.	salbôth - s	salbôd - a	salbôth
	Gen.	salbôd - is	salbôd - aizôs	salbôd - is
	Dat.	salbôd - amma	salbôd - ai	salbôd - amma

u. s. w. wie blind - s, - a, blind.

schwach:

Sing.	Nom.	salbôd - a	salbôd - ô	salbôd - ô
	Gen.	salbôd - ins	salbôd - ôns	salbôd - ins

u. s. w. wie blind - a, - ô, - ô.

Ahd.

stark	salpôt - êr	salpôt - u	salpôt - az
	wie plint - êr, - u, az.		
schwach	salpôt - o	salpôt - â	salpôt - â
	wie plint - o, - â, - â.		

Mhd.

stark	gesalbet - er	gesalbet - iu	gesalbet - ez
	wie blind - er, - iu, - ez.		
schwach	gesalbet - e	gesalbet - e	gesalbet - e
	wie blind - e, - e, - e.		

Nhd.

stark	gesalbt - er	gesalbt - e	gesalbt - es
	wie blind - er, - e, - es.		
schwach	gesalbt - e	gesalbt - e	gesalbt - e
	wie blind - e, - e, - e.		

Die Zahlwörter und ihre Declination.

1. Cardinalzahlen.

1. Goth. *Sing.* *Nom.* ains — aina — ain, ainata
     Gen. ainis — ainaizôs — ainis
     Dat. ainamma — ainai — ainamma
     Acc. ainana — aina — ain, ainata

   Plur. μόνοι.
     Nom. ainai — ainôs — aina
     Gen. ainaizê — ainaizô — ainaizê
     Dat. — ainaim —
     Acc. ainans — ainôs — aina

Ahd. *Sing.* *Nom.* einêr, ein — ein(i)u, ein — einaz, ein
     Gen. eines — einêrâ (o, u) — eines
     Dat. einemu(o) — einêru (a, o) — einemu(o)
     Acc. einan — eina — einaz, ein
     Instr. einû — — — einû

   Plur. quidam.
     Nom. einê — einô — ein(i)u
     Gen. — einêrô —
     Dat. — einêm, ên —
     Acc. einê — einô — ein(i)u

Mhd. *Sing.* *Nom.* einer, ein — einiu, ein — einez, ein
     Gen. eines — einer, einre — eines
     Dat. einem(e), eime, eim — einer, einre — einem(e)
     Acc. einen — eine — einez, ein

   Plur. quidam.
     Nom. eine — eine — einiu
     Gen. — einer —
     Dat. — einen —
     Acc. eine — eine — einiu

Nhd. *Sing.* *Nom.* einer, ein — eine — eines, ein
     Gen. eines — einer — einer
     Dat. einem — einer — einem
     Acc. einen — eine — eines, ein

   Plur. aufgegeben.

   Schwache Form solus goth. aina ainô ainô
          ahd. eino einâ einâ
          mhd. eine eine eine
          nhd. eine eine eine

2. Goth.	*Nom.* tvai	tvôs	tva	
	Gen. tvaddjê	[tvaddjô]	[tvaddjê]	
	Dat.	tvaim		
	Acc. tvans	tvôs	tva	
	Nom. [tveihnai]	tveihnôs	tveihna]	
	Gen. [tveihn(aiz)ê]	tveihn(aiz)ô	tveihn(aiz)ê]	
	Dat.	tveihnaim		
	Acc. [tveihnans]	tveihnôs	[tveihna]	
Ahd.	*Nom.* zwênê	zwô(â)	zwoi	
	Gen.	zweiô, zweierô		
	Dat. zwim, zweim (n), zwêm (n), zweien			
	Acc. zwênê	zwô(â)	zwei (quei)	
Mhd.	*Nom.* zwêne	zwô(uo, â)	zwei	
	Gen.	zwei, zweier		
	Dat.	zwein, zweien		
	Acc. zwêne	zwô(uo, â)	zwei	
Nhd.	*Nom.* (zwen) zwei	(zwo) zwei	zwei	
	Gen.	zweier		
	Dat.	zwein, zweien		
	Acc. (zwen) zwei	(zwo) zwei	zwei	
3. Goth.	*Nom.* [threis]	[threis, thrijôs]	thrija	
	Gen. thrijê	[thrijô]	thrijê	
	Dat.	thrim		
	Acc. thrins	[thrins, thrijôs]	thrija	
Ahd.	*Nom.* driê, drî	driô, driô	driu	
	Gen.	driô, drierô, driô		
	Dat.	drim(n)		
	Acc. driê, drî	driô, driô	driu	
Mhd.	*Nom.* drie, drî	drie, drî	driu	
	Gen.	drîer		
	Dat.	drin, drîn, drien		
	Acc. drie, drî	drie, drî	driu	
Nhd.	*Nom.*	drei		
	Gen.	dreier		
	Dat.	drein, dreien		
	Acc.	drei		
4. Goth. fidvôr	*Nom.* [fidvôreis]			
	Gen. [fidvôrê]			
	Dat. fidvôrim			
	Acc. [fidvôrins]			

Ahd.	flor.	*Nom.* fiori	fiori	fioru
		Gen.	fiorëô, fiorû	
		Dat.	fiorim, fierin	
		Acc. fiori	fiori	fioru
Mhd.	vier.	*Nom.* viere	viere	vieriu
		Gen.	vierer, vierre	
		Dat.	viereñ, viern	
		Acc. viere	viere	vieriu
Nhd.	vier.		viere	
			vierer	
			vieren	
			viere	

5. Goth. fimf. Kommt nicht flectiert vor.

Ahd.	fimf, finf, funf.		
	Nom. fimfi, finfi	fimfi	fimf(i)u
	Gen.	fimfô	
	Dat.	fimfim	
	Acc. fimfi	fimfi	fimf(i)u
Mhd.	finf, vinf, vumf, vunf, vünf		
	Nom. vünve, vünfe	vünve	vünviu
	Gen.	vünver	
	Dat.	vünven	
	Acc. vünve	vünve	vünviu
Nhd.	fünf.	fünfe	
		fünfer	
		fünfen	
		fünfe	

6. Goth. saihs.

Ahd.	sëhs.	*Nom.* sëhsi	sëhsi	sëhs(i)u
		Gen.	sëhsô	
		Dat.	sëhsim	
		Acc. sëhsi	sëhsi	sëhs(i)u
Mhd.	sëhs.	*Nom.* sëhse	sëhse	sëhsiu
		Gen.	sëhser	
		Dat.	sëhsen	
		Acc. sëhse	sëhse	sëhsiu
Nhd.	sechs.	*Nom.*	sechse	
		Gen.	sechser	
		Dat.	sechsen	
		Acc.	sechse.	

7. Goth. sibun.
 Ahd. sibun. *Nom.* sibuni   sibuni   sibun(i)u
             Gen.   sibunô
             Dat.   sibunim, sibinim
             Acc. sibuni   sibuni   sibun(i)u
 Mhd. siben. *N. A.* sibene sibene sibeniu
                          sibener
                          sibenen
 Nhd. sieben. *N. A.* siebene. *G.* siebener. *D.* siebenen.

8. Goth. ahtau.
 Ahd. ahtô. *D.* ahtôwen.
 Mhd. aht. *N. A.* ahte, ahtiu. *G.* ahter. *D.* ahten.
               Nbf. ähte, ehte, ëhte.
 Nhd. acht. *N. A.* achte. *G.* achter. *D.* achten.

9. Goth. niun. *G.* niunê.
 Ahd. niun. *N. A.* niuni niunju. *G.* niunô.
 Mhd. niun, niwen. *N. A.* niune niuniu.
 Nhd. neun. *N. A.* neune. *G.* neuner. *D.* neunen.

10. Goth. taihun. *D.* taihunim.
 Ahd. zëhan. *N. A.* zëhani zëhinu zëniu. *G.* zënô. *D.* zënen.
 Mhd. zëhen, zën. *N. A.* zëhene zëhene zëheniu etc.
 Nhd. zehn. flect.: zehne, -er, -en, -e.

11. Goth. ainlif. *D.* ainlibim.
 Ahd. einlif. *N. A.* einlifi, einlivi. *D.* einlivim.
 Mhd. einlif, einlef, eilf, elf. flect. einleve einleviu. *G.* einlever.
 Nhd. eilf, elf. flect. elfe, -er, -en, -e.

12. Goth. tvalif, tvalib. *G.* tvalibê. *D.* tvalibim.
 Ahd. zwelif, zwelf. *N. A.* zwelivi. *G.* zwelfô. *D.* zwelivin.
 Mhd. zwelif, zwelef, zwelf. *N. A.* zwel(e)ve zwel(e)viu. *G.* zwelver.
 Nhd. zwölf. flect. zwölfe, -er, -en, -e.

	Goth.	Ahd.	Mhd.	Nhd.
13.	[thrijataihun]	drizëhan	drizëhen	dreizehn
14.	fidvôrtaihun	fiorzëhan	vierzëhen	vierzehn
15.	fimftaihun	finfzëhan	vünfzëhen	fünfzehn, funfzehn
16.	[saihstaihun]	sëhszëhan	sëh(s)zëhen	sech(s)zehn
17.	[sibuntaihun]	[sibunzëhan]	sibenzëhen	sieb(en)zehn
18.	[ahtautaihun]	ahtôzëhan	ah(t)zëhen	achtzehn
19.	[niuntaihun]	niunzëhan	niunzëhen	neunzehn

Flexion:
 G. [niunê tafhunê] niunô sëhanô
     [niuntaihunê] niunsëhanô niunzëhener neunzehner
 D. [niunim tafhunim] niunim sëhanim
     [niuntafhunim] niunsëhanim niunzëhenen neunzehnen

	Goth.	Ahd.	Mhd.	Nhd.
20.	tvai tigjus	zweinzug (-zoch, zig)	zweinzec (-zic) zwenzec	zwanzig
	G. [tvaddjê tigivê]	[— zugô?]		
	D. tvaim tigum	[— zugêm?]	— zigen	
	A. [tvans tiguns]	— zugê		
21.		einêr (-u, -az) anti zweinzuc	einer(-iu- ez)unde zweinzec	ein und zwanzig
30.	[threis tigjus]	drizug	drizec	dreissig
	G. thrijê tigivê			
	D. [thrim tigum]			
	A. thrins tiguns			
40.	fidvôrtigjus	fiorzug	vierzec	vierzig
	A. fidvôrtiguns			
50.	fimftigjus	fimfzug	vünfzec	fünfzig, funfzig
	A. fimftiguns			
60.	saihstigjus	sëhszug	söhszec	sechzig
	D. saíhstigum			
70.	sibuntêhund	sibunzô		
	A. sibuntêhund	sibunzug	sibenzec	siebenzig, siebzig
80.	ahtautêhund	ahtôzô		
		ahtôzug	ahtzec	achtzig
90.	niuntêhund	niunzô		
	G. niuntêhundis	niunzug	niunzec	neunzig
	A. niuntêhund			
100.	taihuntêhund	zëhanzô		
	taihuntaihund	zëhanzug	zëhenzec	—
	[hund]	[hunt]		
		einhunt		
		[huntarôt]	hundert einhundert	hundert
110.	[ainliftêhund]	[einlifzô]		
120.	[tvaliftêhund]	[zwelifzô]		
200.	tva hunda	zwei hunt	[zweihunt] zwei hundert	zweihundert
	G. [tvaddjê hundê]			
	D. tvaim hundam			
	A. tva hunda			
300.	thrija hunda	driu hunt	[driu hunt] driu hundert	drei hundert
400.	[fidvôr hunda]	fior hunt	vier hunt vier hundert	vierhundert
500.	fimf hunda	finf hunt	[vünf hunt] vünf hundert	fünfhundert
	D. fimfhundam			
600.	[saihshunda]	sëhs hunt	[sëhs hunt] sëhs hundert	sechshundert
700.	[sibunhunda]	sibun hunt	siben hunt siben hundert	siebenhundert
800.	[ahtauhunda]	ahtô hunt	aht hunt ahthundert	achthundert
900.	niunhunda	niun hunt	niun hunt niun hundert	neunhundert

	Goth.	Ahd.	Mhd.	Nhd.
		zëhan hunt	zëhen hundert	
	thusundi (Fem. A.-Fl. Neutr.)	dûsunt (Fem. Neutr.)	tûsent (Neutr.)	
1000.	G. thusundjôs -jis D. thusundjái -ja A. thusundja -i			tausend (Neutr.)
2000.	thvôs thusundjôs G. tvaddjê thusundjô D. tvaim thusundjôm A. thvôs thusundjôs	zwâi dusuntâ	zwei tûsent	zweitausend
	thva thusundja G. tvaddjê thusundjê D. tvaim thusundjam A. thva thusundja			
3000.	threis thusundjôs	driâ dûsuntâ driu dûsunt	driu tûsent	dreitausend
4000.	fidvôr thusundjôs D. fidvôr thusundjôm	fior dûsuntâ fior dûsunt	vier tûsent	viertausend
5000.	fimf thusundjôs A. fimf thusundjôs	finf dûsuntâ D. finf dûsontôn	vünf tûsent	fünftausend
	fimf thusundja D. fimf thusundjam	finf dûsunt		
6000.	[saihs thusundjôs]	sëhs dûsuntâ sëhs dûsunt	sëhs tûsent	sechstausend
7000.	[sibun thusundjôs]	sibun dûsuntâ sibun dûsunt	siben tûsent	siebentausend
8000.	[ahtau thusundjôs]	ahtô dûsuntâ ahtô dûsunt	aht tûsent	achttausend
9000.	[niun thusundjôs]	niun dûsuntâ niun dûsunt	niun tûsent	neuntausend

4

	Goth.	Ahd.	Mhd.	Nhd.
10,000.	taíhun thúsundjôs *D. taíhun thúsundjôm*	zëhan dûsuntâ zëhan dûsunt *D. zëhen thûsuntin*	zëhen tûsent	zehntausend
11,000.	[einlif thusundjôs]	einlif dûsuntâ einlif dûsunt	einlif tûsent	e(i)lftausend
12,000.	[tvalif thusundjôs]	zwelif dûsuntâ zwelif dûsunt	zwelif tûsent	zwölftausend
20,000.	tvaítigjus thusundjô	zweinzuc dûsuntâ zweinzug dûsunt *D. zweinzug thûsuntin*	zweinzec tûsent *D. zwênzec thûsunten*	zwanzigtausend
30,000.	[threisitgjus thusundjô]	drîzuc dûsuntâ drîzuc dûsunt	drîzec tûsent	dreissigtausend
40,000.			vierzec tûsent	vierzigtausend
50,000.			vünfzec tûsent	fünfzigtausend
60,000.			sëhszec tûsent	sechzigtausend
70,000.			sibenzec tûsent	sieb(en)zigtausend
80,000.			ahtzec tûsent	achtzigtausend
90,000.			niunzec tûsent	neunzigtausend
100,000.			hundert tûsent	hunderttausend
1,000,000.			zëhenstunt hundert tûsent	Million
			tûsent tûsent	tausendmal tausend
1,300,000.			driuzëhen hundert tûsent	
10,000,000.			tûsent zëhen tûsent	zehn Millionen
20,000,000.			zwiren hunderstunt hundert tûsent	zwanzig Millionen

2. Ordinalzahlen.

1. Goth. *Sing.* fruma   frumei   frumô
frumins   frumeins   frumins
frumin   frumein   frumin
fruman   frumein   frumô

Plur. frumans   frumeins   frumôna
frumanê   frumeinô   frumanô
frumam   frumeim   frumam
frumans   frumeins   frumôna

frumists   frumista   frumistata
frumistis   frumistaizôs   frumistis u. s. w.

und schwach:
frumista   frumistô   frumistô
frumistins   frumistôns   frumistins etc.

Ahd. vuristêr, -u, -az   êristêr, -u, -az
und schwach: und schwach:
vuristo, -â, -â   êristo, -â, -â
vordarôstêr, -u, -az   Mhd. êrste, -e, e

und schwach: Nhd. êrste, -e, -e
vordarôsto, -â, -â   êrster, -e, es.

2. Goth. *Sing.* anthar   anthara   anthar
antharis   antharaizôs   antharis
antharumma   antharai   antharamma
antharana   anthara   anthar

Ahd. andar, -êr   andar, -u   andar, -az
undares   andarêrâ   andaros u. s. w.

Schwach nur mit Artikel:
andaro   andarâ   andarâ
andarin   andarûn   andarin u. s. w.

Mhd. ander   anderiu, ander   anderz, ander
anders   anderre   anders

flectiert wie heiter, -iu. -z
(der) ander   (diu) ander   (daz) ander
andern   andern   andern
u. s. w. durch alle Casus.

Nhd. anderer   andere   anderes
anderes   anderer   anderes u. s. w.
(der) andere   (die) andere   (das) andere
zweiter   zweite   zweites
(der) zweite   (die) zweite   (das) zweite

3. Goth. thridja thridjô [thridjô]
Ahd. [dritjo], dritto drittâ drittâ
Mhd. dritte (drite dirde)
Nhd. dritte; dritter, -e, -es.

4. Goth. [fidvôrtha od. fidurta]
Ahd. fiordo
Mhd. vierde
Nhd. vierte; vierter, -e, -es

5. Goth. fimfta
Ahd. fimfto
Mhd. vinfte, vünfte
Nhd. fünfte; fünfter, -e, es

6. Goth. saihsta saihstô [saihstô]
Ahd. sëhsto
Mhd. sëhste
Nhd. sechste; sechster, -e, -es

7. Goth. [sibunda]
Ahd. sibunto
Mhd. sibente, sibende
Nhd. siebente; siebenter, -e, -es

8. Goth. ahtuda
Ahd. ahtodo
Mhd. ahtode, ahtede, ahte
Nhd. achte; achter, -e, -es

9. Goth niunda niundô
Ahd. niunto
Mhd. niunte (niwende)
Nhd. neunte; neunter, -e, -es

10. Goth. taihunda
Ahd. zëhanto, zêndo
Mhd. zëhende, zênde
Nhd. zehnte; zehnter, -e, -es

11. Goth. [ainlifta]
Ahd. einlifto
Mhd. einlifte, einlëfte, eilifte, eilëfte, elfte
Nhd. eilfte, elfte; e(i)lfter, -e, -es

12. Goth. [tvalifta]
Ahd. zwelifto, zwelëfto
Mhd. zwelifte, zwelfte
Nhd. zwölfte; zwölfter, -e, -es

	Goth.	Ahd.	Mhd.
13.	[thridjataihunda]	dritto zëhanto	drizëhende
14.	[fidvôrthataihunda]	fiordo zëhanto	vierzëhende
15.	fimftataihunda	finfto zëhanto	vünfzëhende
16.	[saihstataihunda]	sëhsto zëhanto	sëh(s)zëhende
17.	[sibundataihunda]	sibunto zëhanto	sibenzëhende
18.	[ahtudataihunda]	ahtodo zëhanto	ah(t)zëhende
19.	[niundataihunda]	niunto zëhanto	niunzëhende
20.	[tvaitigjôsta]	zweinzicôsto	zweinzegôste
30.		drizugôsto	drizegeste
40.		fëorzugôsto	vierzegeste
50.		fimfzugôsto	vünfzegeste
60.		sëh(s)zugôsto	sëh(s)zegeste
70.		sibunzogôsto	sibenzegeste
80.		ahtozogôsto	ah(t)zegeste
90.		niunzogôsto	niunzegeste
		94. niunzogôsto fiordo	
100.		zëhanzogôsto	[zëhenzegeste] [hundertôste]
1000.	[thusundjôsta]	[dùsuntôsto]	tûsentste
100,000.			[hunderttûsentste]

3. Die übrigen Zahlwörter.

ambo ἀμφότεροι.

Goth.	bai [bôs]	ba	bajôths	Ahd.	pédé pédô pédu
	[bajê bajô	bajê]	[bajôthé]		pédêrô
	[baim]		bajôthum		pédêm
	bans [bôs]	ba	[bajôths]		pédê pédô pédu

Mhd.	béde béde	bédiu	beide beide beidiu	Nhd.	beide u. beiden
	béder				beider beiden
	bédcn				beiden beiden
	béde béde	bédiu			beide beiden

Distributiva.

Goth. [tveihnai   tveihnôs   tveihna]   (Ahd. zwéné) bini, - æ, - a
[tveihn(aiz)ê tveihn(aiz)ô tveihn(aiz)ê]
              [tveihnaim]
[tveihnans]   tveihnôs   [tveihna]

Multiplicativa.

1. Goth. ainfalths   ainfaltha   ainfalth
   G. ainfalthis ainfalthaizôs ainfalthis

   u. s. w. wie blinds blinda blind.

   Ahd. einfaltêr   einfaltu   einfaltaz
   G. einfaltes einfaltêrâ   einfaltes

   u. s. w. wie plintêr, - u, - az.

   u. schw. einfalto   einfaltâ   einfaltâ

   Mhd. einvalter   einvaltiu   einvaltez
   u. einvalte   einvalte   einvalte.

	Goth.	Ahd.	Mhd.	
2.	[tvafalths]	zwifalt	zwifalt	zwivach
3.	[threifalths]	drîfalt	drîfalt	drîvach
4.	fidurfalths	fiorfalt	vierfalt	viervach
5.	[fimffalths]	finffalt	vünffalt	
6.	[saihsfalths]	sëhsfalt	sëhsfalt	
7.	[sibunfalths]	sibunfalt	sibenfalt	
10.	[taíhunfalths]	zëhanfalt	zëbenfalt	
20.		zweinzucfalt		
30.		drîzugfalt		
100.	taíhuntaihundfalths	zëhanzugfalt	zëhenzegfalt	
			hundertfalt	
1000.	[thusundfalths]	[dûsuntfalt]	tûsentvalt	

Hälften.

	Ahd.	Mhd.	Nhd.
½	ein halp	einhalp	ein halb
1½	andar halp G. andares halpes D. andaremu halpemu u. s. w. G. Pl. andarêrô halbêrô	anderhalp	anderthalb
2½	dritto halp	drithalp	dritt(e)halb
3½	[fiordo halp]	vierdehalp	viert(e)halb
4½	[fimfto halp]	vünftehalp	fünft(e)halb
5½	[sëhsto halp]	sëhstehalp	sechst(e)halb

Zahladverbien. Frage: wie viel Mal? mit Cardin.

	Goth.	Ahd.	Mhd.	Nhd. mdrtl.	Nd.
1.	[ainis]	cines, einest	eines, einest	einist	ins
2.	[tvis]	zwiro, zwiror, zwirort, zwirôn(t)	zwir, zwire zwiront	zwier, zweinist	twins
3.	[thris]	[driro] driror	[drir, drirent] (drîs, drîs)	drinist	drius
4.				viernist	
5.				füfnist	
6.				sechsnist	
7.				sibnist	
8.				achtnist	
9.				nünist	
10.				zehnist	
11.				eilfnist	
12.				zwölfnist	

zum wie vielten Male? mit Ordin.

	Goth.	Ahd.	Mhd.	Nhd.
1.	—	êrest	êrest, êrst	erstens
2.		underest	andrest	zweitens
3.				drittens u. s. w.

Umschreibungen: **sinths** Masc. oder **sinth** Neutr.

	Goth.		Ahd.	Mhd.	Nhd.
1.	ainamma sintha	[frumistamma sintha]			fehlt.
2.	tvaim sintham	untharamma sintha			
3.	thrim sintham	[thridjin sintha]			
4.	[fidvôr sintham]	[fidvôrthin sintha]			
5.	fimf sintham	[fimftin sintha]			
6.	[saihs sintham]	[saihstin sintha]			
7.	sibun sintham	[sibundin sintha]			

stunt, stuntâ Fem.

	Ahd.	Mhd.	Ahd.	Mhd.
1.	[einéru stunt(u)]	...	...	...
	[eina stunt(a)]			
2.	[zweim stuntôm] [zwô stuntô]		andarêrû stunt andara stunt	anderstunt

			Ahd.	
3.	drim stuntôm			
	drîô stuntô	dri(e)stunt	drittûn stunt	
4.	fior stunt	vierstunt	[fiordûn stunt]	
5.	fimf stunt	viinfstunt	[fimftûn stunt]	
7.	sibun stunt	sibenstunt	[sibuntûn stunt]	
10.	zëhan stunt	zëhenstunt		
100.		hundertstunt		
1000.		tûsentstunt		

warb M. werba Fem.

2. Ahd. ...	Mhd. ...		Ahd. ... Mhd. ander warb	
				ander werbe
4.	vier werba			
7.	sibun warb	siben warf		
40.		vierzec warf		
1000.		tûsent werbe		
		tûsent warp		

mâl Neutr.

	Mhd.	Nhd.	Mhd.	Nhd.
1.	ze einem mâle	einmal		zum ersten Male
	zeimâle			
2.		zweimal	zem andern mâle	zum zweiten Male
3.		dreimal		zum dritten Male

Declination der Pronomina.

1. Die persönlichen Pronomina.

a) Persönliche ungeschlechtige Pronomina.

		(Goth.			Ahd.			
Sg. N.	ik	thu	—	ih (ihha)	du, dû	—		
G.	meina	theina	seina	mîn	dîn	sîn	ira	
D.	mis	thus	sis	mir	dir	—	[sir] imu iru	
A.	mik	thuk	sik	mih	dih	sih		
D. N.	vit	[jut]	—	[wiz]	[jiz, iz]	—		
G.	[ugkara]	igkvara	—	unchar	[inchar]	—		
D.	ugkis	igkvis	—	[unch]	[inch]	—		
A.	ugkis	igkvis	—	[unch]	[inch]	—		
Pl. N.	veis	jus	—	wir, wir	ir			
G.	unsara	izvara	seina	unsar	iwar	—	iro	
D.	unsis, uns	izvis	sis	uns	iu	—	im	
A.	uns, unsis	izvis	sik	unsih	iwih	sih		

	Mhd.			Nhd.	
Sg. *N.* ich	dû, du, duo		ich	du	
G. min	dîn	sîn ir	mein(er)	dein(er)	sein(er)
D. mir	dir	— im, ir	mir	dir	sich
A. mich	dich	sich	mich	dich	sich
D. N. —	ez	—	—	es	—
G. —	encher	—	—	enker	—
D. —	ench	—	—	enk	—
A. —	euch	—	—	enk	—
Pl. N. wir	ir		wir	ihr	—
G. unser	iuwer	— ir	unser	euer	—
D. uns	iu	— is	uns	euch	sich
A. uns, unsich	iuch, iuwich	sich	uns	euch	sich

Duale und Plurale der persönlichen ungeschlechtigen Pronomina in den deutschen Mundarten.

	Goth.	Alts.	Ags.	Nfries.	Altn.	Flr.	Ahd.	Mhd.	Nhd.mdartl.
I. Dual. *N.* vit	wit	vit	wat	vit	vit	[wiz]		
G. [ugkara]	unker	uncer	unker	ockar	okkara	unchar		
D. ugkis	unk	unc	unk	ockr	okkun	[unch]		
A. ugkis	unk	unc	unk	ockr	ockur	[unch(ih)]		
Plur. *N.* veis	wi	ve	we	ver	vear	wir	wir	wir
G. unsara	user	user	üser	vâr	vâr	unsar	unser	unser
D. unsis	us	us	üs	oss	osun	uns	uns	uns
A. unais	us	usic	üs	oss	os	unsih	unsich	uns
II. Dual. *N.* [jut]	git	git	jat	it, thit	tit	[iz]	ëz	ës, tës, tä
G. igkvara	inker	incer	junker	yckar	tikkara	[inchar]	enker	enker
D. igkvis	ink	inc	junk	yckr	tikkun	[inch]	enk	enk(s)
A. igkvis	ink	inc	junk	yckr	tikkur	[inch(ih)]	enk	enk(s)
Plur. *N.* jus	gi	ge	i	er, ther	tear	ir	ir	ir
G. izvara	iuwer	corer	jaringe	ydhar	tiara	iuwar	iuwer	euer
D. izvis	iu	cov	jam	ydhr	tiun	iu	iu	euch
A. izvis	iu	eovic	jam	ydhr	tiur	iuwih	iuch	euch

b) Persönliche geschlechtige Pronomina.

	Goth.						
Sing. Nom. is	si	ita	*Plur. Nom.* eis	[ijôs]	ija
Gen. is	izôs	is	*Gen.* izê	izô	[izû]
Dat. imma	izai	imma	*Dat.* im	im	im
Acc. ina	ija	ita	*Acc.* ins	ijôs	[ija]

	Ahd.		
Sing. Nom. ir, ër		siu, sie, si, si	iz, ëz
Gen. (ës) sîn		irá, irô	is, ës
Dat. imu, imo		iru, irô	imu, imo
Acc. inan, inen, in		sia, sie, si, sc, sa	iz, ëz

Plur. Nom. siê, sie, sî, si, sê, se, siâ, sa   sîð, sio, sie   siu, sie, si
Gen. irô   irô   irô
Dat. im, in   im, in   im, in
Acc. siê etc. wie Nom.   sîð wie Nom.   siu wie Nom.

Mhd.

Sing. Nom. ër   siu, sie, sî, si, se   ëz
Gen. (ës) *sîn*   ir   (es) *sîn*
Dat. ime, im   ir   ime, im
Acc. in   sie, sî, si, se   ëz

Plur. Nom. sie, sî, si, se   sie, sî, si, se   siu, sic, sî, si, se
Gen.   ir
Dat.   in
Acc. sie etc. wie N.   sie wie Nom.   siu, sie wie Nom.

Nhd.

Sing. Nom. er   sie   es   *Plur. Nom.* sie
Gen. (es)   ihrer   (es)   *Gen.* ihrer
Dat. ihm   ihr   ihm   *Dat.* ihnen
Acc. ihn   sie   es   *Acc.* sie

2. Die possessiven Pronomina.

1. Person, aus dem Genet. Sing. des persönl. ungeschl. Pron.

Goth.   **Ahd.**

Sg. N. meins   meina   mein, -ata   mînêr   mînu   mînaz   unfl. mîn
G. meinis   meinaizôs   meinis   mînes   mînêrâ   mînes
D. meinamma   meinai   meinamma   mînemu   mînêru   mînemu
A. meinana   meina   mein, -ata   mînan   mîna   mînaz

Pl. N. meinai   meinôs   meina   mînê   mînô   mînu
G. meinaizê   meinaizó   meinaizê   mînêrô
D. meinaim   meinaim   meinaim   mînêm
A. meinans   meinôs   meina   mînô   mînô   mînu

Mhd.   **Nhd.**

Sg. N. mîner, mîn   mîniu, mîn   mînez, mîn   meiner   meine   meines, mein
G. mînes   mîner   mînes   meines   meiner   meines
D. mînem(e)   mîner   mînem(e)   meinem   meiner   meinem
A. mînen   mîne   mînez, mîn   meinen   meine   meines, mein

Pl. N. mîne   mîne   mîniu   meine
G.   mîner   meiner
D.   mînen   meinen
A. mîne   mîne   mîniu   meine

Die **schwache Flexion** im Goth. nicht, im Ahd. ganz einzeln (Graffs ahd. Sprachschatz 2, 597), nicht viel häufiger im Mhd. (die mînen videlwre Nib. 1347, 3) Nhd. der meine, die meine, das meine (= der meinige). Gen. und übrige Casus im Mhd. mînen (Nhd. Acc. Sg. Fem. meine) wie blinde.

aus dem Genet. Dualis:

Goth. [ugkar ugkara ugkar], fehlt im Ahd. Mhd. Nhd.

aus dem Genet. Plur.:

	Goth.			Ahd.	
Sg. N. unsar	unsara	unsar	unsarér	unsaru	unsaraz
G. unsaris	unsaraizôs	unsaris		unfl. unsar	
D. unsaramma	unsarai	unsaramma		oder	
A. unsarana	unsura	unsar	unsêr	unsu	unsaz
Pl. N. unsarai	unsarôs	unsara		Mhd.	
G. unsaraizê	unsaraizô	unsaraizê	unser	unseriu	unserz
D.	unsaraim		unsers	unserre	unserz
A. unsarans	unsarôs	unsara		decl. wie heiter.	

Nebenf. unser unsiu unsez

Nhd.
unserer unsere unseres
schwach der unsere, die unsere,
das unsere.

2. Person, aus dem Genet. Sing.

				Ahd.	
Sg. N. theins	theina	thein, - ata			
G. theinis	theinaizôs	theinis	dînêr	dînu	dînaz, unfl. din
D. theinamma	theinai	theinamma		Mhd.	
A. theinana	theina	thein, - ata	dîner	dîniu	dinez, unfl. din
Pl. N. theinai	theinôs	theina		Nhd.	
G. theinaizê	theinaizô	theinaizê	deiner	deine	deines
D.	theinaim		schwach: der deine, die deine,		
A. theinans	theinôs	theina	das deine.		

aus dem Genet. Dual.

Sg. N. igkvar igkvara igkvar   fehlt im Ahd.
G. igkvaris igkvaraizôs igkvaris   Mhd. (encher encheriu encherz)
D. igkvaramma igkvarai igkvaramma Nhd. (enker enkere enkers)
A. igkvarana igkvara igkvar

u. s. w.

aus dem Genet. Plur.

Goth. izvar izvara izvar   Mhd. iuwer iuweriu iuwerz
Ahd. iwarér iwaru iwaraz,   Nhd. cueror cuere cueres
  unfl. iwar   und schwach: der euere, die
u. iwêr iwu iwaz   euere, das euero.

3. Person, aus dem Genet. Sing.

	Goth.			Ahd.
Sg. N.	—	—	—	sînér sînu sînaz unfl. sîn
G.	seinis	scinaizôs	seinis	
D.	seinamma	seinai	scinammu	Mhd.
A.	seinana	seina	sein, -ata	sîner sîniu sînez unfl. sîn
Pl. N.	—	—	—	Nhd.
G.	seinaizô	seinaizô	seinaizê	sciner seine seines
D.		seinaim		schwach: der seine, die seine, das
A.	scinans	seinôs	seina	seine.

aus dem Genet. Sing. des persönl. geschl. Pron.
fehlt im Goth. und Ahd.

	Mhd.	14. Jhdt.			Nhd.	
Sg. N. ir	ir, iriu	irz	ihrer, ihr	ihre, ihr	ihres, ihr
G. irs	irre	irs	ihres	ihrer	ihres
D. irm(e)	irre	irm(e)	ihrem	ihrer	ihrem
A. irn	ir	irz	ihren	ihre	ihres, ihr
Pl. N. ir	ir	iriu		ihre	
G.	irre			ihrer	
D.	irn			ihren	
A. ir	ir	iriu		ihre	

schwach: der ihre, die ihre, das ihre.

3. Die demonstrativen Pronomina.

1. d e r.   Zugl. bestimmter Artikel.

Goth.

Sing	Nom.	sa	sô	thata	Plur.	Nom.	thai	thôs	thô
	Gen.	this	thizôs	this		Gen.	thizê	thizô	thizê
	Dat.	thamma	thizai	thamma		Dat.	thaim	thaim	thaim
	Acc.	thana	thô	thata		Acc.	thans	thôs	thô
	Instr.			thê					

Ahd.

Sing.	Nom.	dër, dê, thie	diu, dëo, dëa, die, de	daz
	Gen.	dës	dëra, dëro, dëru	dës
	Dat.	dëmu, demo	dëru, dëro, dëra	dëmu, demo
	Acc.	dën	dia, die, de	daz
	Instr.	—	—	diu, dëo, du
Plur.	Nom.	diê, die, dê, diâ	diô, dëo, dia, dëa, dê	diu, dei
	Gen.		dëro	
	Dat.		dêm, diêm, diem, dien	
	Acc.	diê etc. wie Nom.	diô etc. wie Nom.	diu, dei

	Mhd.			Nhd.		
Sg. N. dër	diu, die, di, de	daz, dez	der	die	das	
G. dës	dër		dös	des, dessen	der, deren	des, dessen
D. dëm(e)	dër		dëm(e)	dem	der	dem
A. dën	die		daz, dez	den	die	das
Instr. —	—		diu	—	—	—

Pl. N. die	die	diu, dei, die	die	
G.	dër		der, derer, deren	
D.	dën, dien		den, denen	
A. die	die	diu, dei, die	die	

2. dieser.

Goth.

Sing. Nom. sah	sôh	thatuh	*Plur.* thaih	[thôzuh	thôh]
Gen. thizuh	[thizôzuh]	thizuh		[thizêh thizôh	thizêh]
Dat. tammuh	[thizaih]	thammuh		[thaimuh]	
Acc. thanuh	[thôh]	thatuh	[thanzuh	thôzuh	thôh]
Instr.		thêh			

Ahd.

Sg. N. dësêr, thërer, diser, dirro	deisu, dësju, disu, disiu	diz, ditzi, dötzi
G. dëses, dësses, disses, dises	dësera, thërera, thërra, dirro	dëses etc. w. M.
D. dësemu, disemo	dëseru, thërera, thërru, dirro	dësemu wie M.
A. dësan, disen	dheasa, dësa, disa	diz, ditzi, dëtzi
Instr.	dësju, dösu, thisu	

Pl. N. dësê, dise	dësô, dise	deisu, dësju, disiu, thisu
G.	dësero, thërero, thërro, dirro	
D.	dësêm, dësen, disen	
A. dësê, dësa, dise	dësô, dise	deisu, dësju, disiu, thisu

Mhd.

Sing. Nom. dirre, diser		disiu, dise, dis	diz, ditze, diz
Gen. dises, disses, disse, dis(s)		dirre, discr	dises wie Masc.
Dat. disem(e) disme		dirre, diser	disem(e) wie Masc.
Acc. disen		dise	diz, ditze, diz

Plur. Nom. dise		dise	disiu, dise
Gen.		dirre, diser	
Dat.		disen	
Acc. dise		dise	disiu, dise

Nhd.

Sing. Nom. dieser	diese	dieses, dioss	*Plur. Nom.* diese
Gen. dieses	dioser	dieses	*Gen.* dieser
Dat. diesem	dieser	diesem	*Dat.* diesen
Acc. diesen	diese	dieses, diess	*Acc.* diese

3. jener.

Goth.

Sing. Nom.	jains	jaina	jainata	Plur. jainai	jainôs	jaina
Gen.	jainis	jainaizôs	jainis	jainaizê	jainaizô	jainaizê
Dat.	jainamma	jainai	jainamma		jainaim	
Acc.	jainana	jaina	jainata	juinans	jainôs	jaina

Ahd.

bei den St. Gallern:

Sing. Nom.	gënêr	gënu	gënaz	ënêr	ëniu	ënez
Gen.	gënes	gënera	gënes	ënes	ënero	ënes
Dat.	gënemu	gëneru	gënemu	ënemo	ënero	ënemo
Acc.	gënan	gëna	gënaz	ënen	ëna	ënez
Plur. Nom.	gënê	gënô	gënu	ëne	ëne	ëniu
Gen.		gënero			ënero	
Dat.		gënêm			ënên	
Acc.	gënê	gënô	gënu	ëne	ëne	ëniu

Mhd.   **Nhd.**

Sing. Nom.	jëner (jënre)	jëniu	jënez	jener	jene	jenes
Gen.	jënes, jëns	jëner(e)	jënes	jenes	jener	jenes
Dat.	jënem(e) (jëme)	jëner(e)	jënem(e)	jenem	jener	jenem
Acc.	jënen	jëne	jënez	jenen	jene	jenes
Plur. Nom.	jëne	jëne	jëniu		jene	
Gen.		jëner(e)			jener	
Dat.		jënen			jenen	
Acc.	jëne	jëne	jëniu		jene	

schwach: der jene die jene das jene
des jenen der jenen des jenen
u. s. w., nicht mehr üblich, dafür
derjenige diejenige dasjenige
desjenigen derjenigen desjenigen
u. s. w.

4. HI.

Goth.   **Ahd.**

Sing. Nom.	[his	hija]	hita	[hir	hiu	hiz]
Gen.	[his	hizôs	his]	[his	hirâ	his]
Dat.	himma	[hizai]	himma	[himu	hiru	himu]
Acc.	hina	[hija]	hita	[hinan	hia	hiz]
Instr.	—	—	—			hiu
Plur. Nom.	[heis	hijôs	hija]	[hiê	hiô	hiu]
Gen.	[hizê	hizô	hizê]		[hirô]	
Dat.		[him]			[him]	
Acc.	[hins	hijôs	hija]	[hiê	hiô	hiu]

5. **sama ὁ αὐτός.**

Goth.	sama	samó	samò	Ahd. samo	samà	samû	Mhd. Nhd.
	samins	samôns	samins	samin	samûn	samin	eingegangen.
	samin	samón	samin		äusserst selten.		
	u. s. w. schwach.						

6. **silba αὐτός.**

Goth. silba silbô silbô Mhd. stark: sëlber sëlbiu selbez
silbins silbôns silbins   schwach: sëlbe sëlbo sëlbo
u. s. w. nur schwach. Nhd. stark: selbor indecl.
Ahd. st. sëlpêr sëlpiu sëlpaz   schwach: derselbe dieselbe dasselbe
schw. sëlpo sëlpâ sëlpâ   stark: selbiger selbigo selbiges
                                schwach: derselbige dieselbige dasselbige

4. **Die relativen Pronomina.**

Goth.

Sing. Nom.	saei	sôei	thatei	Ahd.	[dëri] dazi
Gen.	thizei	thizôzei	thizei		dör diu daz
Dat.	thammei	thizaiei	thammei		sô hwër sô quicunque
Acc.	thanei	thôei	thatei		sô huëlîhêr sô qualiscunpue
Plur. Nom.	thaiei	thôzei	thôei	Mhd.	der diu daz
Gen.	thizêei	[thizôei]	thizêei		swër quicunque
Dat.		thaimei			swëlher, iu, ez qualiscunque
Acc.	thanzei	thôzei	thôei	Nhd.	der die das
					so
					wer; welcher, -e, -es.

5. **Die interrogativen Pronomina.**

1. wer.

Goth.   Ahd.

Sing. Nom.	hvas	hvô	hva	hwër	[hwiu]	hwaz
Gen.	hvis	[hvizôs]	hvis	hwës	[hwërâ]	hwöz
Dat.	hvamma	hvizai	hvamma	hwëmu	[hwëru]	hwëmu
Acc.	hvana	hvô	hva	hwënan	[hwia]	hwaz
Instr.		hvê		—	—	hwiu
Plur. Nom.	[hvai	hvôs	hvô]	[hwiê	hwiô	hwiu]
Gen.	[hvizê	hvizô	hvizê]		[hwërô]	
Dat.		[hvaim]			[hwêm]	
Acc.	[hvans	hvôs	hvô]	[hwiu	hwiô	hwiu

Mhd.   Nhd.

Sing. Nom.	wër	—	waz	wer	was
Gen.	wës	—	wës	wes, wessen	
Dat.	wöm(e)	—	wëm(e)	wem	
Acc.	wën	—	waz	wen	was
Instr.	—	—	wiu		
Plur. fehlt.					

2. wer von zweien.

		Goth.	
Sing.	*Nom.* hvathar	[hvathara]	hvathar
	Gen. [hvatharis	hvatharaizôs	hvatharis]
	Dat. [hvatharamma	hvatharai	hvatharamma]
	Acc. [hvatharana	hvathara	hvathar]
Plur.	*Nom.* [hvatharai	hvatharôs	hvathara]
	Gen. [hvatharaizê	hvatharaizô	hvatharaizê]
	Dat.	[hvatharaim]	
	Acc. [hvatharans	hvatharôs	hvathara]

Ahd.
hwëdarêr hwëdaru hwëdaraz
decl. ganz adjectivisch.

Mhd.
wëder(er) wëderiu wëderez
decl. wie mager-er, -iu, -ez
ganz einzeln auch schwach.

Nhd.
nicht mehr vorhanden.

3. wer von mehreren.

		Goth.		Ahd.
Sg.	*N.* hvarjis	hvarja	hvarjata	[hweri, hwerjêr hwerju hwerjaz]
	G. hvarjis	hvarjaizôs	hvarjis	nicht vorhanden.
	D. hvarjamma	hvarjai	hvarjamma	
	A. hvarjana	hvarja	hvarjata	
Pl.	*N.* hvarjai	hvarjôs	hvarja	
	G. hvarjaizê	hvarjaizô	hvarjaizê	
	D.	hvarjaim		
	A. hvarjans	hvarjôs	hvarja	

4. welcher, wie beschaffen. qualis. ποῖος.

Goth.	hvêleiks	hvêleika	hvêleikata	
	hvileiks	hvileika	hvileikata	
Ahd.	hwiolihhêr	hwiolihhu	hwiolihhaz, hwëol., wiol.	
	hwëlihhêr	hwëlihhu	hwëlihhaz	
	wiolih, wëolih, wëlih			
	wël, wëlêr, -iu, -az (Notk.)			
Mhd.	wëlher	wëlhiu	wëlhez	
	wël (Boner)			
Nhd.	welcher	welche	welches quis	

5. wie gross, wie viel. quantus. πόσος. quot.

Goth. hvêlauds hvêlauda hvêlaudata
Ahd. [hwiulôtêr] fehlt. Mhd. · Nhd. — schweiz. wettig, wietig?
hwëo mihhil wie michel wie gross
hwëo manag wie manege wie manch
hwëo filu wie vil wie viel

6. Die indefiniten Pronomina.

1. sum.

Goth. sums suma sumata τις τι
Ahd. sumêr sumiu sumaz
Mhd. ganz vereinzelt. *Pl.* sume manche.

		Goth.	
Sing. Nom.	sumzuh	[sumuh	sumatuh, sumuh]
Gen.	[sumizuh	sumaizôzuh	sumizuh]
Dat.	[sumammuh	sumaih	sumammuh]
Acc.	[sunanuh	sumuh	sumatuh, sumuh]
Plur. Nom.	sumaih	[sumôzuh	sumuh]
Gen.	[sumaizêh	sumaizôh	sumaizêh]
Dat.		sumaimuh	
Acc.	[sumanzuh	sumôzuh	sumuh]

Goth. [sumaleiks]
Ahd. sumalih, sumilih, -êr, -u, -az   Ahd. sumwelihhêr, -u, az
Mhd. sumelich, -er, -iu, ez   Mhd. Nhd nicht da.
Nhd. nicht vorhanden.

2. ains.

Goth. ains nicht unbestimmt.
Ahd. einêr, -iu, -az quidam. So Mhd. u. Nhd.

Goth. ainshun ullus.

Sing. Nom.	ainshun	[ainôhun]	ainhun
Gen.	[ainishun	ainaizôshun	ainishun]
Dat.	ainummôhun	ainaihun	ainummôhun
Acc.	ainnôhun	[ainôhun]	ainhun

Pl. fehlt.
Ahd. Mhd. Nhd. nicht vorhanden.
Goth. — Ahd. einig flect.: einigêr, -u, -az aliquis
Mhd. — Nhd. *Pl.* einige.
Goth. — Ahd. dihein, dihhein, dohein, dehein, dechein; fl. -êr, -u, -az.
Mhd. dehein, dichein, dekein, fl. -er, -iu, -ez. Nhd. —
Goth. — Ahd. doheinig, diheinig, dihheinig, dohheinig. Mhd. — Nhd. —
Goth. — Ahd. — Mhd. sichein. Nhd. —

Goth. — Ahd. nihein, nehein, nohein, nohhein
Mhd. nehein, nechein, nekein, enchein
Nhd. kein.
Goth. — Ahd. noheinig, niheinig. Mhd. Nhd. —

3. man.

Goth. — Ahd. Mhd. Nhd. man
Goth. *Sing. Nom.* mannahun   Ahd. Mhd. Nhd. —
        Gen. mannshun
        Dat. manhun
        Acc. mannanhun
    Plur. fehlt.

Goth. — Ahd. êoman, ioman, ëoman, iaman
    Nom. ëoman   Mhd. ieman   iemen
    Gen. ëomannes   iemannes, iemans   iemens
    Dat. ëomanne   iemanne, ieman   iemen
    Acc. ëomannan (en)   ieman   iemen

    Nhd. *Nom.* iemants, jemand
           Gen.   jemandes
           Dat.   jemandem
           Acc.   jemanden

Goth. — Ahd. nêoman, nioman, nëoman. Mhd. nieman, niemen.
Nhd. niemants, niemand
        declinirt wie das vorige.

Goth. — Ahd. — Mhd. — Nhd. *Nom.* jedermann
                                  Gen. jedermanns
                                  Dat. jedermann
                                  Acc. jedermann.

4. wiht.

Goth. — Ahd. wiht, wëht aliquid. Mhd. Nhd. —

Goth. — Ahd. êowiht, êowëht, iowiht, ëowiht,   Mhd. iht   Nhd. —
                 iawiht, ieht, iet aliquid
    Gen. ëowihtes   ihtes
    Dat. ëowihte   ihte
    Acc. ëowiht   iht
    Instr. ëowihtû

Goth. — Ahd. nêowiht, nêowëht, niowiht, niwiht, nieht, niet
Mhd. nieht, niht, niwit, niwet, niut, niet
Nhd. nicht, nichts.

5. hwör hwaz.

Goth.	*Sing. Nom.*	hvazuh	[hvôh]	hvah	quisque Ahd. Mhd. Nhd. —
	Gen.	hvizuh	[hvizôzuh]	hvizuh	
	Dat.	hvammêh	[hvizaih]	hvammêh	
	Acc.	hvanôh	[hvôh]	hvah	
	Plur. Nom.	[hvaih	hvôzuh	hvôh]	
	Gen.	[hvizêh	hvizôh	hvizêh]	
	Dat.		[hvaimuh]		
	Acc.	hvanzuh	[hvôzuh	hvôh]	

Goth. sahvazuh sahvôh sahvah quisque —
Goth. thishvazuh thishvôh thishvah quisque

Goth.	*Sing. Nom.*	hvashun	[hvôhun	hvahun]	quidam
	Gen.	[hvishun	hvizôshun	hvishun]	
	Dat.	[hvammêhun	hvizaihun	hvammêhun]	
	Acc.	[hvanahun	hvôhun	hvahun]	

Goth.	Ahd.	Mhd.	Nhd.
—	sihwër sihwaz aliquis, -id		
—	ëddeswër ëddeswaz aliquis, -id	ëteswër ëteswaz	—
—	ëtawër ëtawaz „	ëtwër ëtwaz	etwas
—	alleshwër alleshwaz „	—	—
—	niweizhuër niweizhuaz „	neizwër neizwaz	—
—	êogahwër quisque	—	—
—	êosôwür „	—	—

6. weder.

Goth.	*Sing. Nom.*	[hvatharuh	hvatharôh	hvatharuh]	jeder von beiden
	Gen.	[hvatharizuh	hvatharaizôzuh	hvatharizuh]	
	Dat.	hvatharammêh	[hvatharaih	hvatharammêh]	
	Acc.	[hvatharanôh	hvatharôh	hvatharuh]	

Goth. ainhvatharuh jeder von beiden.

Goth.	Ahd.	Mhd.	Nhd.
—	einhwëdar	eintwëder eines v. beiden	entweder
—	[dihwödar] dewëder	dewëder einer (keiner) v. b.	—
—	[ëddeshwëdar]	[ëteswëder]	—
—	gahwëdar uterque	gowëder jeder v. beiden	—
—	iowëdar „	iowëder „	jeder
—	êogahwëdar „	iogewëder „	—
—	—	iedewëder, iotw. „	jedweder
—	sô hwëdar sô, sô wëder utercunque	swëder	—
—	nihwëdar neuter	newëder, enw. neuter	—

7. hvarjis.

Goth.	Sing. Nom.	hvarjizuh	[hvarjôh]	hvarjatôh quisque
	Gen.	[hvarjizuh	hvarjaizôzuh	hvarjizuh]
	Dat.	hvarjammêh	[hvarjaih]	hvarjammêh
	Acc.	harjanôh	hvarjôh	hvarjatôh
	Plur. Nom.	[hvarjaih	hvarjôzôh	hvarjôh]
	Gen.	[hvarjaizêh	hvarjaizôh	hvarjaizêh]
	Dat.		[hvarjaimuh]	
	Acc.	[hvarjanzuh	hvarjôzôh	hvarjôh]

Goth. ainhvarjizuh ein jeder.

8. wëlih.

Goth.	— Ahd.	dihhwëlih aliquis	Mhd. dewelch	Nhd.	—
Goth.	— Ahd.	sihhwëlih „	Mhd. —	Nhd.	—
Goth.	— Ahd.	sô hwülih sô qualiscunque	Mhd. swëlch	Nhd.	—
Goth.	— Ahd.	gihwëlih quilibet	Mhd. —	Nhd.	—
Goth.	— Ahd.	êohwëlih, êogahwëlih quisque	Mhd. iewülch	Nhd. '	—
Goth.	— Ahd.	ëddeshwëlih aliquis	Mhd. —	Nhd. (etswelch)
Goth.	— Ahd.	iosôhwëlih quisque	Mhd. ieslich	Nhd.	—
			iegeslich		
			ietslich		

9. lich.

Goth.	— Ahd.	ëddeslih, ötcsl. aliquis	Mhd. ëtcslich	Nhd. (otslich)
Goth.	— Ahd.	ëtclih, ötilih „	Mhd. ëtelich	Nhd. etlich
Goth.	— Ahg.	êogalih, iogilih unusquisque	Mhd. iegelich	Nhd. jeglich

7. Die Correlativa.

1. Goth. hvëleiks s. Interr. 4.
   hvileiks
   svaleiks svaleika svalcik, -ata
   Ahd. sulih, solih, solihhêr, -u, -az
   sol soliu (G. soles, D. solemo, A. solen) Notk.
   Mhd. solich, solh, sëlh, sëlk, sölk, -er, -iu, -ez
   Nhd. solch, solcher, -c, -es.

2. Goth. hvêlauds s. Interr. 5.
   svalauds
   Hd. — Nhd. mdartl. söttig söttch?

Weitere Bildungen:

Goth. — Ahd. suslih
            wio gitân   u. mit mihhil manac
            sô getân   Mhd. michel manec
            sus getân   Nhd. gross, viel, manch.

5*

Starke Conjugation.

Veränderungen in den Wurzeln, im Goth., Ahd., Mhd.

Ablautende Reihen   Reduplicierende

		Præs.	Prt. Sg.	Pl.	P. P.			Präs.	Prät. Sg.	Prät. Pl. Prt. P.	
I.	Goth.	i	a	u	u	VII.	Goth.	a	ai-a	ai-a	a
	Ahd. Mhd.	i	a	u	u,o		Ahd.	a	ia	ia	a
							Mhd.	a	ie	ie	a
							Nhd.	a	ie	ie	a
II.	Goth.	i	a	ê	i	VIII.	Goth.	a	ai-a	ai-a	a
	Ahd. Mhd.	i	a	â	ë		Ahd.	a	ia, ëa, ê	ia,ëa,ô	a
							Mhd.	a	ie	ie	a
							Nhd.	—	—	—	—
III.	Goth.	i	a	ê	u	IX.	Goth.	ê	ai-ê	ai-ê	ô
	Ahd. Mhd.	i	a	â	o		Ahd.	â	ia, ëa, ê	ia,ëa,ô	â
							Mhd.	â	ie	ie	â
							Nhd.	â	ie	ie	â
IV.	Goth.	a	ô	ô	a	X.	Goth.	ô	ai-ô	ai-ô	ô
	Ahd. Mhd.	a	uo	uo	a		Ahd.	uo	io, ëo, ia	io,ëo,ia	uo
							Mhd.	uo	ie	ie	uo
							Nhd.	û	ie	ie	û
V.	Goth.	ei	ai	i	i	XI.	Goth.	ai	ai-ai	ai-ai	ai
	Ahd. Mhd.	î	ei	i	i		Ahd.	ei	ia	ia	ei
							Mhd.	ei	ie	ie	ei
							Nhd.	ei	ie	ie	ei
VI.	Goth.	iu	au	u	u	XII.	Goth.	au	ai-au	ai-au	au
	Ahd. Mhd.	iu	ou, ô	u	o	1.	Ahd.	ou	iu,io,ëo,ia	iu etc.	ou
							Mhd.	ou	ie	ie	ou
							Nhd.	au	ie	ie	au
						2.	Ahd.	ô	io, ëo, ia	io etc.	ô
							Mhd.	ô	ie	ie	ô
							Nhd.	ô	ie	ie	ô

Ablautend - reduplicierende

XIII. Goth. ô ai-ô ai-ô ô
XIV. Goth. ai ai-ô ai-ô ai } Im Hd. eingegangen.
XV. Goth. au ai-ô ai-ô au

Stand der Ablautreihen im Nhd. verglichen mit dem Mhd.

	Mhd.					Nhd.					
I.	i	a	u	u,o	1)	i	a	a	u	*binde*
					2)	i	a	a	o	*sinne*
					3)	e	a	a	o	*sterbe*
					4)	i	o	o	o	*glimme*
					5)	e	o	o	o	*quelle*

	Mhd.					Nhd.			
II.	i	a	â	ü	1) e	â	â	e	*esse*
					2) ô	â	â	ê	*gebe*
III.	i	a	û	o	1) o	â	â	o	*treffe*
					2) ô	â	û	ô	*kehle*
					3) ô (œ)	â	â	o	*nehme*
					4) o (i, ö)	o	o	o	*fechte*
					5) ê (œ)	ô	ô	ô	*schere*
IV.	a	uo	uo	a	1) a	û	û	a	*wachse*
					2) â	û	û	â	*fahre*
V.	î	ei	i	i	1) ei	î	î	î	*scheine*
					2) oi	i	i	i	*greife*
VI.	iu	ou (ô)	u	o	1) ie	ô	ô	ô	*schiebe*
					2) ie	o	o	o	*giesse*
			Abarten:		au	ô	ô	ô	*sauge*
					au	o	o	o	*saufe.*

Beispiele zur starken Conjugation.

I. Nach dem Wurzelvocal zwei Consonanten: doppelte Liquida, Liquida mit Muta, einige Male auch Spirans mit Muta.

Goth. rinna ranu runnum runnans
hilpa halp hulpum hulpans
hvaírba hvarb hvaúrbum hvaúrbans
siggkva saggkv suggkvum suggkvans
triagu trasg trusgum trusgans
(pfropfe)
Ahd. rinnu ran runnumês runnanêr
swimmu swam swummumês swummanêr
pintu pant puntumês puntanêr
sinku sank suukumês sunkanêr
limfu lamf lumfumês lumfanêr (convenire)
hilfu half hulfumês holfanêr
wirpu warp wurpumês worpanêr

Mhd. rinne ran runnen gerunnen
swimme swam swummen geswummen
binde bant bunden gebunden
sinke sank sunken gesunken
hilfe half hulfen geholfen
wirbe warp wurben geworben

Nhd. 1. binde band banden gebunden
2. sinne sann sannen gesonnen
3. sterbe starb starben gestorben
4. glimme glomm glommen geglommen
5. quelle quoll quollen gequollen.

II. Der Wurzelvocal von einfacher Consonans (Muta oder Spirans) geleitet.

Goth. giba gaf gêbum gibans
ita at êtum itans
kvitha kvath kvêthum kvithans
lisa las lêsum lisans
safhva sahv sêhvum safhvans

Mhd. gibe gap gâben gegëben
ihe sach sâhen gesëhen

Ahd. kipu kap kâpumês këpanêr
izu az âzumês ëzanêr

Nhd. 1. esse ass assen gegessen
2. gebe gab gaben gegeben.

III. Im Goth. kurzsilbige Wurzeln, deren Vocal von einfacher Consonanz (meist Liquida) geleitet wird. Im Hd. auch langsilbige mit Muten und Mutenverbindungen.

Goth. nima nam nêmum numans
baíra bar bêrum baúrans
brika brak brôkum brukans
Ahd. nimu nam nâmumês nomanêr
piru par pârumês poranêr

triffu traf trâfumês troffanêr
pristu prast prâstumês prostanêr
prihhu prah prâhhumês prohhanêr
vihtu vaht vâhtumês vohtanêr

Mhd. nim nam nâmen genomen
bir bar bâren geborn
triffo traf trâfen getroffen
briste brast brâsten gebrosten
briche brach brâchen gebrochen
vihte vaht vâhten gevohten

Nhd. 1. treffe traf trafen getroffen
2. hehle hahl hahlen verholen, gebäre
3. nehme nahm nahmen genommen
4. fechte focht fochten gef., erlösche
5. schere schor schoren geschoren, gähre.

IV. Dem Wurzelvocale folgt meist einfache Consonanz (Liquida oder Muta) nur ein paarmal Consonantverbindungen.

Goth. fara fôr fôrum farans
graba grôf grôbum grabans
slaha slôh slôhum slahans
vahsja vôhs vôhsum vahsans
standa stôth stôthum [standans] stôthans

Mhd. far fuor fuoren gefarn
grabe gruop gruoben gegraben
slahe sluoc sluogen goslagen
wahse wuohs wuohsen gewahsen
(stande) stuont stuouden gestanden

Ahd. faru fuor fuorumês faranêr
krapu kruop kruopumês krapanêr
slaha aluoh sluogumês slaganêr
wahsu wuohs wuohsumês wahsanêr
stantu stuont (stuot) stuontumês (stuotun) stantanêr

Nhd. 1. wachse wuchs wuchsen gewachsen
2. fahre fuhr fuhren gefahren.

V. Der Wurzelvocal von einfacher Consonanz (Liq., Spir., Muta) geleitet. (Hd. auch ohne Consonanten nach Ausfall des v).

Goth. skeina skain skinum skinans
dreiba draif dribum dribans
beida baid bidum bidans (exspecto)
reisa rais risum risans (surgo)
theiha thaih tafhum tafhans (cresco)
leihva laihv lafhvum lafhvans
spoiva spaiv spivum spivans

Ahd. skînu skein skinumês skinanêr
trîpu treip tripumês tripanêr
dîhu dêh digumês diganêr
lîhu lêh liwumês liwanêr und li-hanêr

spîwu spei u. spê spiwumês spiwanêr
scrîu screi scrirum scriran

Mhd. schîne schein schinen geschinen
trîbe treip triben getriben
gedîhe gedêch gedigen gedigen
lîhe lêch lihen gelihen
spîo spei u. spê spi(u)wen (spirn) gespiwen
schrîe schrei u. schrê schri(u)wen u. schrirn geschri(u)wen u. geschrirn

Nhd. 1. scheine schien schienen geschienen
2. greife griff griffen gegriffen.

VI. Der Wurzelvocal von einfacher Consonanz (Spirans oder Muta) gefolgt.

Goth. biuga baug bugum bugans
skiuba skauf skubum skubans
kiusu kaus kusum kusans
tiuha tauh tauhum tadhans
biuda bauth u. baud budum budans
giuta gaut gutum gutans

Mhd. biuge bouc bugen gebogen
schiube schoup schuben geschoben
kiuse kôs kurn gekorn
ziuhe zôch zugen gezogen
biute bôt buten geboten
giuze gôz guzzen gegozzen

Ahd. piuku pouc pukumês pokanêr
sciupu scoup scupumês scopanêr
chiusu chôs churumês choranêr
ziuhu zôh zugumês zohanêr
piutu pôt putumês potanêr
kiuzu kôz kuzumês kozanêr

Nhd. 1. schiebe schob schoben geschoben
kiese kor koren gekoren
ziehe zog zogen gezogen
2. giesse goss gossen gegossen.
sauge sog sogen gesogen
saufe soff soffen gesoffen

VII. Auf den kurzen Vocal folgt Liquidengemination (ll nn) oder Liquida mit Lingualen (ld lt lth lz ls, nd nt nz), auch Liquida mit Gutturalen (ng nk).

Goth. halda haihald haihaldum haldans
Ahd. haltu hialt hialtumês gahaltanêr

Mhd. halte hielt hielten gehalten
Nhd. halte hielt hielten gehalten.

VIII. Kurzer Vocal (der im Verlauf zum Theil lang wird) mit folgendem h oder r.
Goth. faha faifah faifahum fahans   haha   ara?
Ahd. fahu [fiah fiahumês gafahanêr]
Mhd. vâhe vie ...
Nhd. fähe ... (gefahn).

IX. Langer Vocal mit folgender einfacher Muta oder s.
Goth. slêpa saizlêp saizlêpum slêpans   blêsa?
Ahd. slâfu sliaf sliafumês gaslâfanêr
Mhd. slâfe slief sliefen geslâfen
Nhd. schlafo schlief schliefen geschlafen

X. Langer Vocal mit einfacher Muta.
Goth. hvôpa hvaihvôp hvaihvôpum hvôpans (gloriari) blôta?
Ahd. hruofu hriof (hrëof, hriaf) hriofumês hruofanêr
Mhd. ruofe rief riefen geruofen
Nhd. rufe rief riefen gerufen

XI. Langer Vocal mit einfacher Muta und s.
Goth. haita haihait haihaitum haitans
Ahd. heizu hiaz hiazumês heizanêr
Mhd. heize hiez hiezen geheizen
Nhd. heisze hiess hieszen geheiszen

XII. Langer Vocal mit einfacher Muta.
Goth. hlaupa haihlaup haihlaupum hlaupans
      stauta staistaut staistautum stautans
Ahd. hloufu hliuf (liof liaf) hliufumês hloufanêr
      stôzu stioz stiozumês stôzanêr
Mhd. loufe lief liefen geloufen
      stôze stiez stiezen gestôzeu
Nhd. laufe lief liefen gelaufen
      stoszo stiesz stieszen gestoszen

XIII. Langer Vocal mit einfacher Muta.
Goth. têka taitôk taitôkum têkans (tango).   avêra?
      flôka faiflôk faiflôkum flôkans (plango)
      rêda rairôth rairôdum rêdans (consulo)
      grêta gaigrôt gaigrôtum grêtans (ploro)
      lêta lailôt lailôtum lêtans (sino)
lld. nach IX.

XIV. Pura.
Goth. saia saisô saisôum saians (sero)
      laia lailô lailôum laians (irrideo) faia? (vitupero) maia? (meto)
      vaia vaivo vaivôum vaians (flo)
lld. eingegangen.

XV. Pura.
Goth. baua [baibô baibôum] bauans.
      bnaua [baibnô baibnôum] bnauans (contero)
lld. eingegangen. (Mhd. gebouwen).

Flexionsendungen (Personalendungen mit Binde- und Modusvocal) der starken Conjugation im Gothischen, Althochdeutschen, Mittelhochdeutschen und Neuhochdeutschen.

I. Activum.

a. Indicativus.

		Praesens.				Praeteritum.		
	Goth.	Ahd.	Mhd.	Nhd.	Goth.	Ahd.	Mhd.	Nhd.
Sg. 1.	-a	-u, e	-e	-e	1. -	-	-	-
2.	-is	-is, ist, est	-est, es	-(e)st	2. -t	-i, e	-e	-(e)st
3.	-ith	-it, et	-et	-(e)t	3. -	-	-	-
Du. 1. -ôs	-amês, omês, em, en	—	—	1. -u	—	—	—
2. -ats	—	—	—	2. -uts	—	—	—
Pl. 1. -am	-amês, omês, em, en	-en	-en	1. -um	-umês, um, un, on, en	-en	-en
2. -ith	-at (ant), ot (ent)	-et (ent)	-et	2. -uth	-ut (unt), ot, et (ent)	-et	-(e)t
3. -and	-ant, ent	-ent	-en	3. -un	-un, on, en	-en	-en

b. Conjunctivus.

Sg. 1. -au	-e, a	-e	-e	1. -jau	-i, e	-e	-e
2. -ais	-ês, êst	-est	-est	2. -eis	-îs, îst	-est	-est
3. -ai, -aith	-e, a	-e	-e	3. -i	-i, e	-e	-e
Du. 1. -aiva	—	—	—	1. -eiva	—	—	—
2. -aits	—	—	—	2. -eits	—	—	—
Pl. 1. -aima	-êmês, êm, ên, an	-en	-en	1. -eima	-îmês, îm, în, en	-en	-en
2. -aith	-êt (ent)	-et (ent)	-et	2. -eith	-it (int)	-et	-et
3. -aina	-ên, an	-en	-en	3. -eina	-în, en	-en	-en

c. Imperativus.

Sg. 2. -	-	-	-
Du. 2. -ats	—	—	—
Pl. 1. -am	—	—	—
2. -ith	-at	-et	-(e)t

-an	d. Infinitivus (Verbalsubstantiv).	
	-an, en	-en
-ands	e. Participium (Verbaladjectiv).	
	-ander, enter	-ande -end -ans	-ander ender -en -en

II Passivum

a. Indicativus.
Præsens.
Goth.
Sg. 1. -ada
2. -aza
3. -ada
Pl. 1. -anda
2. -anda
3. -anda

b. Conjunctivus.
Præsens.
Goth.
Sg. 1. -aidau
2. -aizau
3. -aidau
Pl. 1. -aindau
2. -aindau
3. -aindau

III Medium.

a. Indicativus.
Præsens.
Goth.
Sg. 3. -ada
Pl. 3. -anda

b. Conjunctivus.
Præsens.
Goth.
Sg. -adau
Pl. -andau

Im Goth. nur noch in Trümmern: ein Casus im Sing. und Plur. des Indic. und Conj. Præs. Beleg: Indic. Sing. 3.: gawasjada ἐνδιδύσκεται 1. Cor. 15, 34. vadrijada καττεργάζεται 2. Cor. 4, 17. ustiuhada καττεργάζεται 2. Cor. 7, 10. Plural: uskunnanda γνώσονται Joh. 13, 35. Conj. Sing. 3.: afetcigadau καταβάτω Math. 27, 42. Marc. 15, 32. lausjadau ῥυσάσθω Math. 27, 43. Plural: liugandau γαμησάτωσαν 1, Cor. 7, 9.

Flexionsendungen der schwachen Conjugation mit voraufgehenden Ableitungsvocalen.

	Goth.			Ahd.				Mhd.
	I.		II.	III.	I.		II.	III.	
	a	b			a	b			

Activum.
Præsens Indicativi.

Sg. 1.	-ja	-ja	-ô	-a	-ju	-u	-ôm	-ôm	-e
2.	-jis	-eis	-ôs	-ais	-is	-is	-ôs	-ôs	-est
3.	-jith	-eith	-ôth	-aith	-it	-it	-ôt	-ôt	-(e)t
Du. 1.	-jôs	-jôs	-ôs	-ôs					
2.	-jats	-jats	-ôts	-ats					
Pl. 1.	-jam	-jam	-ôm	-am	-james	-ames	-ômes	-ômes	-en
2.	-jith	-eith	-ôth	-aith	-jat	-at	-ôt	-ôt	-(e)t
3.	-jand	-jand	-ônd	-and	-jant	-ant	-ônt	-ônt	-ent

Præsens Conjunctivi.

Sg. 1.	-jau		-ô	-au	-je	-e	-ê	-êe	-e
2.	-jais		-ôs	-ais	-jês	-ês	-êes	-êes	-est
3.	-jai		-ô	-ai	-je	-e	-ê	-êe	-e
Du. 1.	-jaiva		-ôva	-aiva					
2.	-jaits		-ôts	-aits					
Pl. 1.	-jaima		-ôma	-aima	-jêmes	-êmes	-êmes	-êemes	-en
2.	-jaith		-ôth	-aith	-jêt	-êt	-êet	-êet	-et
3.	-jaina		-ôna	-aina	-jên	-ên	-êen	-êen	-en

Præteritum Indicativi.

Sg. 1.	-ida		-ôda	-aida	-ita	-ta	-ôta	-êta	-(e)te
2.	-idês		-ôdês	-aidês	-itôs	-tôs	-ôtôs	-êtôs	-(e)test
3.	-ida		-ôda	-aida	-ita	-ta	-ôta	-êta	-(e)te

75

		(1)	(2)	(3)	(4)	(5)	(6)	(7)
Du.	1.	-idêdu	-ôdêdu	-aidêdu	-aidêdu	-ôtumês	-êtumês	-(o)ten
	2.	-idêduts	-ôdêduts	-aidêduts	-aiêduts	-ôtut	-êtut	-(e)tet
Pl.	1.	-idêdum	-ôdêdum	-aidêdum	-itumês	-ôtumês	-êtumês	-(e)ten
	2.	-idêduth	-ôdêduth	-aidêduth	-itut	-ôtut	-êtut	-(e)tet
	3.	-idêdun	-ôdêdun	-aidêdun	-itun	-ôtun	-êtun	-(e)ten

Præteritum Conjunctivi.

		(1)	(2)	(3)	(4)	(5)	(6)	(7)
Sg.	1.	-idêdjau	-ôdêdjau	-aidêdjau	-iti	-ôti	-êti	-(e)te
	2.	-idêdeis	-ôdêdeis	-aidêdeis	-itis	-ôtis	-êtis	-(e)test
	3.	-idêdi	-ôdêdi	-aidêdi	-iti	-ôti	-êti	-(e)te
Du.	1.	-idêdeiva	-ôdêdeiva	-aidêdeiva				
	2.	-idêdeits	-ôdêdeits	-aidêdeits				
Pl.	1.	-idêdeima	-ôdêdeima	-aidêdeima	-itimês	-ôtimês	-êtimês	-(e)ten
	2.	-idêdeith	-ôdêdeith	-aidêdeith	-itit	-ôtit	-êtit	-(e)tet
	3.	-idêdeina	-ôdêdeina	-aidêdeina	-itin	-ôtin	-êtin	-(e)ten

Imperativus.

		(1)	(2)	(3)	(4)	(5)	(6)	(7)
Sg.	2.	-ei	-ô	-ai	-i	-ô	-ê	-e
Du.	2.	-jats	-ôts	-ats				
Pl.	1.	-jam	-ôm	-am				
	2.	-eith	-ôth	-aith	-at	-ôt	-êt	-(e)t

Infinitivus.

		(1)	(2)	(3)	(4)	(5)	(6)	(7)
		-jan	-ôn	-an	-jan	-ôn	-ên	-en

Participium Præsentis.

		(1)	(2)	(3)	(4)	(5)	(6)	(7)
		-jands	-ônds	-ands	-janter	-ônter	-ênter	-ende

Participium Præteriti.

		(1)	(2)	(3)	(4)	(5)	(6)	(7)
		-iths	-ôths	-aiths	-iter	-ôter	-êter	-(e)t

Passivum.
Præsens Indicativi.

Sg.	1.	-jada	-óda	-ada
	2.	-jaza	-ôza	-aza
	3.	-jada	-ôda	-ada
Pl.	1.	-janda	-ônda	-anda
	2.	-janda	-ônda	-anda
	3.	-janda	-ônda	-anda

Præsens Conjunctivi.

Sg.	1.	-jaidau	-ôdau	-aidau
	2.	-jaizau	-ôzau	-aizau
	3.	-jaidau	-ôdau	-aidau
Pl.	1.	-jaindau	-ôndau	-aindau
	2.	-jaindau	-ôndau	-aindau
	3.	-jaindau	-ôndau	-aindau

Medium.
Præsens Indicativi.

Sg.	3.	-jada	-óda	-ada
Pl.	3.	-janda	-ônda	-anda

Præsens Conjunctivi.

Sg.	3.	-jadau	-ôdau	-adau
Pl.	3.	-jandau	-ôndau	-andau

Frühere starke Conjugation im Gothischen.
Nach Vermuthung aufgestellt, s. Westphal in Kuhns Ztschr. 2, 177 ff.
Ebel ebendas. 5, 55 ff.

Activum.

		Præsens.		Præteritum.	
		Ind.	Optat.	Ind.	Optat.
Sg.	1.	rinn-ami	rinn-aiam	rann-a	runn-jam
	2.	rinn-isi	rinn-aiis	rann-ta	runn-jis
	3.	rinn-ithi	rinn-aiith, -aithi	rann-a	runn-jith
Du.	1.	rinn-av(a)s	rinn-aivâs	runn-uv(a)s	runn-civâs
	2.	rinn-atas	rinn-aitas	runn-utas	runn-citas
Pl.	1.	rinn-am(a)s	rinn-aimâs	runn-um(a)s	runn-cimâs
	2.	rinn-itha	rinn-aitha	runn-utha	runn-eitha
	3.	rinn-andi	rinn-aind	runn-undi	runn-cind

		Imper.	Verbalsubst.		
Sg.	2.	rinn-i	rinn-anan		
Du.	2.	rinn-atas		Verbaladj.	
Pl.	1.	rinn-am(a)s	Act.		Pass.
	2.	rinn-itha	rinn-andas		runn-anas

Gothische Conjugation.

Activum.
A. Starke Flexion.

Præsens.

	Ind.	Conj.	Ind.	Conj.
Sg. 1.	rinna	rinnau	halda	haldau
2.	rinnis	rinnais	haldis	haldais
3.	rinnith	rinnai, rinnaith	haldith	haldai
Du. 1.	rinnôs	rinnaiva	haldôs	haldaiva
2.	rinnats	rinnaits	haldats	halduits
Pl. 1.	rinnam	rinnaima	haldam	haldaima
2.	rinnith	rinnaith	haldith	haldaith
3.	rinnand	rinnaina	haldand	haldaina

Præteritum.

Sg. 1.	rann	runnjau	haihald	haihaldjau
2.	rannt	runneis	haihalst	haihaldeis
3.	rann	runni	haihald	haihaldi
Du. 1.	runnu	runneiva	haihaldu	haihaldeiva
2.	runnuts	runneits	haihalduts	haihaldeits
Pl. 1.	runnum	runneima	haihaldum	haihaldeima
2.	runnuth	runneith	haihalduth	haibaldeith
3.	runnun	runneina	haihaldun	haihaldeina

Imperativ.

Sg. 2.	rinn	Sg. 2.	hald
Du. 2.	rinnats	Du. 2.	haldats
Pl. 1.	rinnam	Pl. 1.	haldam
2.	rinnith	2.	haldith

Infinitiv.

rinnan   haldan

Participium.

Præs. rinnands   Præt. runnans.   Præs. haldands   Præt. haldans

B. Schwache Flexion.

1. Erste schwache Conjugation. Ableitungsvocal i.

a) mit kurzer Wurzelsilbe.   b) mit langer Wurzelsilbe.

Præsens.

Sg. 1.	nasja	nasjai	sôkja	sôkjai
2.	nasjis	nasjais	sôkeis	sôkjais
3.	nasjith	nasjai	sôkeith	sôkjai
Du. 1.	nasjôs	nasjaiva	sôkjôs	sôkjaiva
2.	nasjats	nasjaits	sôkjats	sôkjaits

	Ind.	Conj.	Ind.	Conj.
Pl. 1.	nasjam	nasjaima	sòkjam	sòkjaima
2.	nasjith	nasjaith	sòkeith	sòkjaith
3.	nasjand	nasjaina	sòkjand	sòkjaina

Præteritum.

Sg. 1.	nasída	nasidèdjau	sòkida	sòkidêdjau
2.	nasidês	nasidèdcis	sòkidês	sòkidêdcis
3.	nasida	nasidòdi	sòkida	sòkidêdi
Du. 1.	nasidèdu	nasidèdeiva	sòkidèdu	sòkidèdeiva
2.	nasidèduts	nasidèdeits	sòkidèduts	sòkidòdcits
Pl. 1.	nasidèdum	nasidèdeima	sòkidèdum	sòkidòdeima
2.	nasidèduth	nasidèdeith	sòkidèduth	sòkidòdcith
3.	nasidòdun	nasidèdcina	sòkidèdun	sòkidèdcina

Imperativ.

Sg. 2. nasei — sòkei
Du. 2. nasjats — sòkjats
Pl. 1. nasjam — sòkjam
2. nasjith — sòkeith

Infinitiv.

nasjan — sòkjan

Participium.

Præs. nasjands Præt. nasiths   Præs. sòkjands Præt. sòkiths

2. Zweite schwache Conjugation.   3. Dritte schwache Conjugation.
Ableitungsvocal ò.   Ableitungsvocal ai.

Præsens.

Sg. 1.	salbò	salbò	haba	habau
2.	salbòs	salbòs	habais	habais
3	salbòth	salbò	habaith	habai
Du. 1.	salbòs	salbòva	habòs	habaiva
2.	salbòts	salbòts	habats	habaits
Pl. 1.	salbòm	salbòma	habam	habaima
2.	salbòth	salbòth	habaith	habaith
3.	salbònd	salbòna	haband	habaina

Præteritum.

Sg. 1.	salbòda	salbòdèdjau	habaida	habaidèdjau
2.	salbòdês	salbòdèdcis	habaidês	habaidèdcis
3.	salbòda	salbòdèdi	habaida	habaidèdi
Du. 1.	salbòdèdu	salbòdèdeiva	habaidèdu	habaidèdeiva
2.	salbòdèduts	salbòdèdeits	habaidèduts	habaidèdcits
Pl. 1.	salbòdèdum	salbòdèdeima	habaidèdum	habaidèdeima
2.	salbòdèduth	salbòdèdeith	habaidèduth	habaidèdeith
3.	salbòdèdun	salbòdèdeina	habaidèdun	habaidèdeina

		Imperativ.	
Sg. 2.	salbô		habai
Du. 2.	salbôts		habats
Pl. 1.	salbôm		habam
2.	salbôth		habaith

Infinitiv.

salbôn   haban

Participium.

Præs. salbônds   Prœt. salbôths   Præs. habands   Prœt. habaiths

II. Passivum.

A. Starke Flexion.   B. Schwache Flexion.

		1.	2.	3.
	Præs. Ind.		Præs. Ind.	
Sg. 1.	haitada	sôkjada	salbôda	habada
2.	haitaza	sôkjaza	salbôza	habaza
3.	haitada	sôkjada	salbôda	habada
Pl. 1.	haitanda	sôkjanda	salbônda	habanda
2.	haitanda	sôkjanda	salbônda	habanda
3.	haitanda	sôkjanda	salbônda	habanda
	Præs. Conj.		Præs. Conj.	
Sg. 1.	haitaidau	sôkjaidau	salbôdau	habaidau
2.	haitaizau	sôkjaizau	salbôzau	habaizau
3.	haitaidau	sôkjaidau	salbôdau	habaidau
Pl. 1.	haitaindau	sôkjaindau	salbôndau	habaindau
2.	haitaindau	sôkjaindau	salbôndau	habaindau
3.	haitaindau	sôkjaindau	salbôndau	habaindau

III. Medium.

		1.	2.	3.
	Præs. Ind.		Præs. Ind.	
Sg. 3.	steigada	lausjada	[salbôda	habada]
Pl. 3.	steiganda	lausjanda	[salbônda	habanda]
	Præs. Conj.		Præs. Conj.	
Sg. 3.	steigadau	lausjadau	[salbôdau	habadau]
Pl. 3.	steigandau	lausjandau	[salbôndau	habandau]

Althochdeutsche Conjugation.

A. Starke Flexion.

Præsens.

	Ind.	Conj.	Ind.	Conj.	Ind.	Conj.
Sg. 1.	trípu	trípe	nimu	nëme	haltu	halte
2.	trípis	trípês	nimis	nëmês	haltis	haltês
3.	trípit	trípe	nimit	nëme	haltit	halte
Pl. 1.	trípamês	trípêmês	nëmamês	nëmêmês	haltamês	haltêmês
2.	trípat	trípêt	nëmat	nëmêt	haltat	haltêt
3.	trípant	trípên	nëmant	nëmên	haltant	haltên

Præteritum.

	Ind.	Conj.	Ind.	Conj.	Ind.	Conj.
Sg. 1.	treip	tripi	nam	nâmi	hialt	hialti
2.	tripi	tripîs	nâmi	nâmîs	hialti	hialtîs
3.	treip	tripi	nam	nâmi	hialt	hialti
Pl. 1.	tripumês	tripîmês	nâmumês	nâmîmês	hialtumês	hialtîmês
2.	triput	tripit	nâmut	nâmit	hialtut	hialtit
3.	tripun	tripin	nâmun	nâmin	hialtun	hialtin

Imperativ.

Sg. 2.	tríp	nim	halt
Pl. 2.	trípat	nëmat	haltat

Infinitiv.

trîpan	nëman	haltan

Participium.

Præs.	trîpanti	nëmanti	haltanti
Præt.	gatripan	ganoman	gahaltan

B. Schwache Flexion.

1. Erste schwache Conjugation. Ableitungsvocal i.

a) mit kurzer Wurzelsilbe. b) mit langer Wurzelsilbe.

Præsens.

	Ind.	Conj.	Ind.	Conj.
Sg. 1.	nerju	nerje	prennu	prenne
2.	neris	nerjês	prennis	prennês
3.	nerit	nerje	prennit	prenne
Pl. 1.	nerjamês	nerjêmês	prennamês	prennêmês
2.	nerjat	nerjêt	prennat	prennêt
3.	nerjant	nerjên	prennant	prennên

Præteritum.

Sg. 1.	nerita	neriti	prennita	pranta	prenniti	pranti
2.	neritôs	neritîs	prennitôs	prantôs	prennitîs	prantîs
3.	nerita	neriti	prennita	pranta	prenniti	pranti

Pl. 1. neritumês neritîmês prennitumês prantumês prennitîmês prantîmês
    2. neritut neritit prennitut prantut prennitit prantît
    3. neritun neritin prennitun prantun prennitîn prantin

Imperativ.

Sg. 2. neri   prenni
Pl. 2. nerjat   prennat

Infinitiv.

nerjan   prennan

Participium.

Præs. nerjanti   Præt. ganerit   Præt. prennanti   Præt. gaprennit, gaprant

2. Zweite schwache Conjugation.   3. Dritte schwache Conjugation.

Ableitungsvocal ô.   Ableitungsvocal è.

Præsens.

	Ind.	Conj.	Ind.	Conj.
Sg. 1.	salpôm, -ôn	salpôe, -ô, -oje	hapêm, -ên	hapêe,-e,-eje
2.	salpôs	salpôês, -ôs, -ojest	hapês	hapêês
3.	salpôt	salpôe, -ô, -oje	hapêt	hapêe
Pl. 1.	salpômês	salpôêmês, -ôn, -ojen	hapêmês	hapêêmês
2.	salpôt	salpôêt, -ôt, -ojet	hapêt	hapêêt
3.	salpônt	salpôên, -ôn, -ojen	hapênt	hapêên

Præteritum.

Sg. 1.	salpôta	salpôti	hapêta	hapêti
2.	salpôtôs	salpôtis	hapêtôs	hapêtis
3.	salpôta	salpôti	hapêta	hapêti
Pl. 1.	salpôtumês	salpôtîmês	hapêtumês	hapêtîmês
2.	salpôtut	salpôtit	hapêtut	hapêtit
3.	salpôtun	salpôtin	hapêtun	hapêtîn

Imperativ.

Sg. 2. salpô   hapê
Pl. 2. salpôt   hapêt

Infinitiv.

salpôn   hapôn

Participium.

Præs. salpônti   Præt. gasalpôt   Præs. hapênti   Præt. gahapêt

Mittelhochdeutsche Conjugation.

A. Starke Form.

Præsens.

	Ind.	Conj.	Ind.	Conj.	Ind.	Conj.	Ind.	Conj.
Sg. 1.	tribe	tribe	var	var	nim	nëme	halte	halte
2.	tribest	tribest	verst	varst	nimst	nëmest	haltest	haltest
3.	tribet	tribe	vert	var	nimt	nëme	haltet	halte
Pl. 1.	triben	triben	varn	varn	nëmon	nëmen	halten	halten
2.	tribet	tribet	vart	vart	nëmt	nëmet	haltet	haltet
3.	tribent	triben	varnt	varn	nëment	nëmen	haltent	halten

Præteritum.

	Ind.	Conj.	Ind.	Conj.	Ind.	Conj.	Ind.	Conj.
Sg. 1.	treip	tribe	vuor	vüere	nam	næme	hielt	hielte
2.	tribe	tribest	vüere	vüerest	næme	næmest	hielte	hieltest
3.	treip	tribe	vuor	vüere	nam	næme	hielt	hielte
Pl. 1.	triben	triben	vuoren	vüeren	nâmen	nœmen	hielten	hielten
2.	tribet	tribet	vuoret	vüeret	nâmet	nœmet	hieltet	hieltet
3.	triben	triben	vuoren	vüeren	nâmen	nœmen	hielten	hielten

Imperativ.

Sg. 2.	trip	var	nim	halt
Pl. 2.	tribet	vart	nëmt	haltet

Infinitiv.

triben   varn   nëmen   halten

Participium.

| Præs. | tribende | varnde | nëmende | haltende |
| Præt. | getriben | gevarn | genomen | gehalten |

B. Schwache Form.

1. Erste Conjugation; (mit Umlaut).

a) Verba mit kurzer Wurzelsilbe.   b) mit langer Wurzelsilbe.

Præsens.

	Ind.	Conj.	Ind.	Conj.	Ind.	Conj.
Sg. 1.	ner	ner	lege	lege	brenne	brenne
2.	nerst	nerst	leg(e)st	legest	brennest	brennest
3.	nert	ner	leg(e)t	lege	brennet	brenne
Pl. 1.	nern	nern	legen	legen	brennen	brennen
2.	nert	nert	leg(e)t	leget	brennet	brennet
3.	nernt	nern	legent	legen	brennent	brennen

Præteritum.

Sg. 1.	nerte	nerte	leg(e)te	leg(e)te	brante	brante
2.	nertest	nertest	leg(o)test	leg(e)test	brantest	wie Indic.
3.	nerte	wie Indic.	leg(e)te	wie Indic.	brante	
Pl. 1.	nerten		leg(e)ten		branten	
2.	nertet		leg(e)tet		brantet	
3.	nerten		leg(e)ten		branten	

Imperativ.

Sg. 2.	ner	lege	brenne
Pl. 2.	nert	leg(e)t	brennet

Infinitiv.

nern   legen   brennen

Participium

Præs.	nernde	legende	brennende
Præt.	genert	gelegt	gebrant, gebrennet

2. Zweite Conjugation; (ohne Umlaut, 2. und 3. ahd.).

a) kurzsilbige Wörter. b) langsilbige.

Præsens.

	Ind.	Conj.	Ind.	Conj.
Sg. 1.	lobe	lobe	salbe	salbe
2.	lobest	lobest	salbest	salbest
3.	lob(e)t	lobe	salbet	salbe
Pl. 1.	loben	loben	salben	salben
2.	lob(e)t	lobet	salbet	salbet
3.	lobent	loben	salbent	salben

Præteritum.

Sg. 1.	lobete	lobete	salbet(e)	salbte	Conj. wie Ind.
2.	lobetest	wie Indic.	salbetest	salbtest	
3.	lobete		salbet(e)	salbte	
Pl. 1.	lobeten		salbeten	salbten	
2.	lobetet		salbetet	salbtet	
3.	lobeten		salbeten	salbten	

Imperativ.

Sg. 2.	lobe	salbe
Pl. 2.	lob(e)t	salbet

Infinitiv.

loben   salben

Participium

Præs.	lobende	salbende
Præt.	gelob(e)t	gesalbet

Bildungen mit el en er et.

Præsens.

Sg. 1.	rigele	sëgene	kobere	klingel	wunder	wâfen	enthoubete
2.	rigelest	sëgenest	koberest	klingelst	wunderst	wâfenst	euthoubetst
3.	rigelet	sëgenet	koberet	klingelt	wundert	wâfent	euthoubet
Pl. 1.	rigelen	sëgenen	koberen	klingeln	wundern	wâfen	euthoubeten
2.	rigelet	sëgenet	koberet	klingelt	wundert	wâfent	enthoubet
3.	rigelent	sëgenent	koberent	klingelnt	wundernt	wâfent	enthoubent

Præteritum.

Sg. 1.	rigelte	sëgente	koberte	klingelte	wunderte	wâfente	enthoubete
2.	rigeltest	sëgentest	kobertest	klingeltest	wundertest	wâfentest	euthoubetest
3.	rigelte	sëgente	koberte	klingelte	wunderte	wâfente	eutboubete
Pl. 1.	rigelten	sëgenten	koberten	klingelten	wunderten	wâfenten	entboubeten
2.	rigeltet	sëgentet	kobertet	klingeltet	wundertet	wâfentet	enthoubetet
3.	rigelten	sëgenten	koberten	klingelten	wunderten	wâfenten	enthoubeten

Imperativ.

Sg. 2.	rigele	sëgene	kobere	klingel	wunder	wâfen	enthoubete
Pl. 2.	rigelet	sëgenet	koberet	klingelt	wundert	wâfent	enthoubet

Infinitiv.

rigelen	sëgenen	koberen	klingeln	wundern	wâfen	enthoubeten

Participium.

Præs.	rigelende	sëgenende	koberende	klingelnde	wundernde	wâfende	enthoubende
Præt.	gerigelet	gesëgenet	gekoberet	geklingelt	gewundert	gewâfent	euthoubet

---

Neuhochdeutsche Conjugation.

A. Starke Form.

Præsens.

Ind.   Conj.

Sg. 1.	treibe	biete	nehme	halte	treibe	biete	nehme	halte
2.	treib(e)st	biet(e)st	nimmst	hältst	treibest	bietest	nehmest	haltest
3.	treib(e)t	bietet	nimmt	hält	treibe	biete	nehme	halte
Pl. 1.	treiben	bieten	nehmen	halten	treiben	bieten	nehmen	halten
2.	treib(e)t	bietet	nehm(e)t	haltet	treibet	bietet	nehmet	haltet
3.	treiben	bieten	nehmen	halten	treiben	bieten	nehmen	halten

Præteritum.

Sg. 1.	trieb	bot	nahm	hielt	triebe	böte	nähme	hielte
2.	trieb(e)st	bot(e)st	nahmst	hielt(e)st	triebest	bötest	nähmest	hieltest
3.	trieb	bot	nahm	hielt	triebe	böte	nähme	hielte
Pl. 1.	trieben	boten	nahmen	hielten	trieben	böten	nähmen	hielten
2.	trieb(e)t	botet	nahm(e)t hieltet		triebet	bötet	nähmet	hieltet
3.	trieben	boten	nahmen	hielten	trieben	böten	nähmen	hielten

85

Imperativ.

Sg. 2.	treib	biet	nimm	halt
Pl. 2.	treib(e)t	bietet	nehm(e)t	haltet

Infinitiv.

treiben bieten nehmen halten

Participium.

Præs. treibend bietend nehmend haltend
Præt. getrieben geboten genommen gehalten

B. Schwache Form.

1. Verba ohne Ableitungsvocal im Præt. 2. mit Abltgsvoc.

a) nicht rückumlautend.   b) rückumlautend.

	Ind.	Conj.	Ind.	Conj.	Ind.	Conj.
			\multicolumn{2}{c}{Præsens.}		

Præsens.

	Ind.	Conj.	Ind.	Conj.	Ind.	Conj.
Sg. 1.	nähre	nähre	brenne	brenne	schade	schade
2.	nähr(e)st	nährest	brenn(e)st	brennest	schadest	schadest
3.	nähr(e)t	nähre	brenn(e)t	brenne	schadet	schade
Pl. 1.	nähren	nähren	brennen	brennen	schaden	schaden
2.	nähr(e)t	nähret	brenn(e)t	brennet	schadet	schadet
3.	nähren	nähren	brennen	brennen	schaden	schaden

Præteritum.

Sg. 1.	nährte	nährte	brannte	brannte	schadete	schadete
2.	nährtest	wie Indic.	branntest	wie Indic.	schadetest	wie Indic.
3.	nährte		brannte		schadete	
Pl. 1.	nährten		brannten		schadeten	
2.	nährtet		branntet		schadetet	
3.	nährten		brannten		schadeten	

Imperativ.

Sg. 2.	nähre	brenne	schade
Pl. 2.	nähr(e)t	brenn(e)t	schadet

Infinitiv.

nähren brennen schaden

Participium.

Præs. nährend brennend schadend
Præt. genähr(e)t gebrannt geschadet

Bildungen mit el er ig em en.

Sg. 1. läch(e)le	wund(e)re	huldige	seg(e)ne			widme
2. lächelst	wunderst	huldig(e)st	segenst		segnest	widmest
3. lächelt	wundert	huldig(e)t	segent		segnet	widmet
Pl. 1. lächeln	wundern	huldigen		seg(e)nen		widmen
2. lächelt	wundert	huldig(e)t	segent		segnet	widmet
3. lächeln	wundern	huldigen		seg(e)nen		widmen

Sg. 1. läch(e)le	wund(e)re	huldige	seg(e)ne			widme
2. läch(e)lest	wund(e)rest	huldigest	seg(e)nest			widmest
3. läch(e)le	wund(e)re	huldige	seg(e)ne			widme
Pl. 1. läch(e)len	wund(e)ren	huldigen	seg(e)nen			widmen
2. läch(e)let	wund(e)ret	huldiget	seg(e)net			widmet
3. läch(e)len	wund(e)ren	huldigen	seg(e)nen			widmen

Sg. 1. lächelte	wunderte	huldigte	segente		segnete	widmete
2. lächeltest	wundertest	huldigtest	segentest		segnetest	widmetest
3. lächelte	wunderte	huldigte	segente		segnete	widmete
Pl. 1. lächelten	wunderten	huldigten	segenten		segneten	widmeten
2. lächeltet	wundertet	huldigtet	segentet		segnetet	widmetet
3. lächelten	wunderten	huldigten	segenten		segneten	widmeten

Imperativ.

Sg. 2. läch(e)le	wund(e)re	huldige		seg(e)ne		widme
Pl. 2. lächelt	wundert	huldig(e)t	segent		segnet	widmet

Infinitiv.

lächeln	wundern	huldigen	seg(e)nen	widmen

Participium

Præs.	lächelnd	wundernd	huldigend		segnend	widmend
Prät.	gelächelt	gewundert	gehuldig(e)t	gesegnet	gesegnet	gewidmet

---

Die Anomalien der Conjugation.

1. Reste der bindevocallosen Conjugation.

a. Das Verbum sein:

Gothisch.

	Præs.		Prät.	
	Ind.	Conj.	Ind.	Conj.
Sg. 1.	im	sijau	vas	vêsjau
2.	is	sijais	vast	vêseis
3.	ist	sijai	vas	vêsi
Du. 1.	siju	sijaiva	vêsu	vêseiva
2.	sijuts	sijaits	vêsuts	vêseits
Pl. 1.	sijum	sijaima	vêsum	vêseima
2.	sijuth	sijaith	vêsuth	vêseith
3.	sind	sijaina	vêsun	vêseina

	Imperativ.	Infinitiv.	Participium.
Sg. 2.	[vis]	visan	Præs. visands
Du. 2.	[visats]		Præt. [visans]
Pl. 1.	[visam]		
2.	[visith]		

Althochdeutsch.

	Præs.		Præt.	
	Ind.	Conj.	Ind.	Conj.
Sg. 1.	pim, pin; bim, bin	si	was	wâri
2.	pis, pist u. s. w.	sis, sist	wâri	wâris, wârist
3.	ist, is	si	was	wâri
Pl. 1.	pirum(ês), pirun	simês, sin	warumês, wurun	warimes, warim, - in
2.	pirut; birnt, bint	sit; sint	wârut; wârent	wârit
3.	sint (sindun)	sin	wârun, - on	wârin

	Imperativ.	
Sg. 2.	pis	wis
Pl. 2.	sit, sict; sint	wêsat; wêsent

	Infinitiv.	
	sin	wêsan

	Participium	
Præs.	—	wêsanti fl. -antêr, -u, -az
Præt.	gasin	[gawêsan]

Mittelhochdeutsch.

	Præs.		Præt.	
	Ind.	Conj.	Ind.	Conj.
Sg. 1.	bin	si	sie sige	was	wære
2.	bist	sist, sis, siest, sigest	wære	wærest
3.	ist	si	sie sige	was	wære
Pl. 1.	sin birn	sin	sien sigen	wâren	wæren
2.	sit; sint. birt; bint	sit	siet siget	wâret	wæret
3.	sint	sin	sien sigen	wâren	wæren

	Imperativ.	
Sg. 2.	bis	wis
Pl. 2.	sit	wêset

	Infinitiv.	
	sin	wêsen

	Participium	
Præs.		wêsende
Præt.	gesin	gewêsen, gewêst

Neuhochdeutsch.

	Præs.		Præt.	
	Ind.	Conj.	Ind.	Conj.
Sg. 1.	bin	sei	war	wär(e)
2.	bist	sei(e)st	warst	wär(e)st
3.	ist	sei	war	wär(e)

Pl. 1. sind   seien   waren   wären
   2. seid   seiet   waret   wär(e)t
   3. sind   seien   waren   wären

                            Imperativ.
Sg. 2. (bis)   sei
Pl. 2.   seid
                            Infinitiv.
                     sein
                            Participium
Praes.   seiend
Praet.   gewesen (gewest)

Vergleichung verwandter Sprachen,
die Stämme des deutschen *sein* betroffend.

(Bopp, vgl. Gramm. S. 695. 739. 2. Ausg. 2, 320. 375.
Grimm, Gesch. d. d. Spr. S. 487.)

1. im, sind.

	Sanskr.	Griech.	Lat.	Lit.	Lett.	Altslav.	Goth.	Altn.	Ags.
Sg. 1.	ás-mi	[ἐσ-μί] ἐμμί	[e]s-um	es-mì	es-mu	jes-mi	i[s]-m	ē[r]-m	eo[r]-m
2.	á[s]-si	ἐσ-σί	e[s]-s	es-sì	es-si	je[s]-si	i[s]-s	ër-t	ear-t
3.	ás-ti	ἐσ-τί	es-t	ès-ti	irr	jes-ti	is-t	ër	is
Du. 1.	[a]s-vas	—	—	ès-wa	—	jes-va	[i]s-iju	—	—
2.	[a]s-thas	ἐσ-τόν	—	ès-ta	—	jes-ta	[i]s-ijuts	—	—
3.	[a]s-tas	ἐσ-τόν	—	ès-ti	—	jes-ta	—	—	—
Pl. 1.	[a]s-mas	ἐσ-μές	[e]s-umus	ès-me	es-sam	jes-my	[i]s-ijum	ēr-um	wie 3
2.	[a]s-tha	ἐσ-τέ	es-tis	ès-te	es-sēt	jes-te	[i]s-ijuth	ër-udh	wie 3
3.	[a]s-ánti	[ἐσ]-εντί	[e]s-unt	ès-ti	irr	[je]s-ūti	[i]s-ind	ër-u	[i]s-ind

2. pim.

	Sanskr.	Zend.	Griech.	Lat.	Alts.	Ags.	Ahd.
Sg. 1.	bháv-â-mi	bav-â-mi	φύ-ω-'	[fu-o]	bium	beo-m	pi-m
2.	bháv-a-si	bav-a-hi	φύ-ει-ς	[fu-i-s]	—	bi-st	pi-s
3.	bháv-a-ti	bav-a-ti	φύ-ε-(τ)ι	[fuit]	—	bi-dh	—
Du. 1.	bháv-â-vas	—	—	—	—	—	—
2.	bháv-a-thas	bav-a-thô?	φύ-ε-τον	—	—	—	—
3.	bháv-a-tas	bav-a-tô	φύ-ε-τον	—	—	—	—
Pl. 1.	bháv-â-mas	bav-â-mahi	φύ-ο-μες	[fu-i-mus]	—	beo-dh	pir-u-mês
2.	bháv-a-tha	bav-a-tha	φύ-ε-τε	[fu-i-tis]	—	beo-dh	pir-u-t
3.	bháv-a-nti	bav-ai-nti	φύ-ο-ντι	[fu-u-nt]	—	beo-dh	pir-u-n

3. wisu.?

Grimms Gesch. d. d. Spr. S. 430 fg.   Bopps vgl. Gramm. 2, 554.

	Sanskr.	Zend	Griech.	Lat.	Lit.	Goth.	Ahd.
Sg. 1.	bhav-i-shyâmi	bû-shyêmi	φύ-σω	-b[ur]o	bú-siu	vi-so	wi-su
2.	bhav-i-shyási	bû-shyêhi	φύ-σεις	-b[ur]is	bú-si	vi-sis	wi-sis
3.	bhav-i-shyáti	bû-shyêiti	φύ-σει	-b[ur]it	bu-s	vi-sith	wi-sit
Du. 1.	bhav-i-shyâvas	—	—	—	bú-siwa	vi-sôs	—
2.	bhav-i-shyáthas	bû-shyathô	φύ-σετον	—	bá-sita	vi-sats	—
3.	bhav-i-shyátas	bû-shyatô	φύ-σετον	—	wie Sg.	—	—
Pl. 1.	bhav-i-shyâmas	bû-shyâmahi	φύ-σομεν	-b[ur]imus	bú-sime	vi-sum	wë-samês
2.	bhav-i-shyátha	bû-shyatha	φύ-σετε	-b[ur]itis	bá-site	vi-sith	wë-sat
3.	bhav-i-shyánti	bû-shyanti	φύ-σοντι	-b[ur]unt	wie Sg.	vi-sand	wo-sant

b. Das Verbum thun.

Wurzel dh a setzen stellen thun.

	Sanskr.	Griech.	Lit.	Alts.	Ags.	Ahd.
Sg. 1.	dádhâmi	τίθημι	dêmi (dedu)	dôm	dô	tuom
2.	dádhâsi	τίθης	— (dedi)	dôs	dêst	tuos
3.	dádhâti	τίθησι	dest (dedu)	dôd	dêdh	tuot
Du. 1.	dadhvás	—	(dedawa)	—	—	—
2.	datthás	τίθετον	(dedata)	—	—	—
3.	dattás	τίθετον	(dedu)	—	—	—
Pl. 1.	dadhmás	τίθεμες	(dedame)	dôd	dôdh	tuomês
2.	dutthá	τίθετε	(dedate)	dôd	dôdh	tuot
3.	dádha(n)ti	τίθεντι	(dedu)	dôd	dôdh	tuont

Gothisch.

Præs. Præt.
[dóm] nicht vorhanden. (Endungen des schw. Verbum).

	Ind.	Conj.
S. 1.	... da	dêdjau
2.	... dês	dêdeis
3.	... da	dêdi
D. 1.	dêdu	dêdeiva
2.	dêduts	dêdeits
P. 1.	dêdum	dêdeima
2.	dêduth	dêdeith
3.	dêdun	dêdeina

Althochdeutsch.

	Præs.				Prät.		
	Ind.		Conj.		Ind.		Conj.
S. 1.	tuom O: duan		tuoe O: due N: tuoje		têta O: dêta		tâti O: dâti
2.	tuos, st duas,t) duis(t)		tuoês	tuojêst	tâti	dâti	tâtîs	dâtist
3.	tuot	duat duit	tuoe	due tuoje	têta	dêta	tâti	dâti
P. 1.	tuomês	duen	tuoêmês	duêmês tuojên	tâtumês	dâtun	tâtimês	dâtin
2.	tuot		tuoêt	tuojênt	tâtut	dâtut	tâtit	dâtit
3.	tuont	duant duent	tuoên	tuojên	tâtun	dâtun	tâtin	dâtin

Imper. Partic.
Sg. tuo O: dua Præs. tuonti, fl. tuontêr, -u, -az
Pl. tuot duet N: tuont Prœt. ki-tân-êr

Infinitiv.
tuon O: duan

Mittelhochdeutsch.

	Præs.				Prät.	
	Ind.		Conj.		Ind.	Conj.
S. 1.	tuon	tuo	tuo	tüeje (-ge)	töte, tët, tete	tæte
2.	tuost		tuost	tüejest	tæte	tætest
3.	tuot	deit	tuo	tüeje	töte, tët, tete	tæte
P. 1.	tuon		tuon	tüejen	tâten	tæten
2.	tuot		tuot	tüejent	tâtet	tætet
3.	tuont		tuon	tüejen	tâten	tæten

	Imper.	Inf.	Partic.
Sg.	tuo	tuon	Præs. tuonde, tüende
Pl.	tuot		Præt. tân, ge-tân

Neuhochdeutsch.

		Præs.		Præs.	
		Ind.	Conj.	Ind.	Conj.
Sg.	1.	thue	thue	that	thäte
	2.	thust	thuest	that(e)st	thätest
	3.	thut	thue	that	thäte
Pl.	1.	thun	thu(e)n	thaten	thäten
	2.	thut	thu(e)t	thatet	thätet
	3.	thun	thu(e)n	thaten	thäten

	Imp.	Inf.	Part.
Sg. Pl.	thu. thut	thun	Præs. thuond Præt. gethan

c. Das Verbum gehn.
Wurzel ga.

		Sanskr.	Griech.	Lat.	Lett.	Ahd.
Sg.	1.	j(gâmi	[βίβημι]	-go	gâju	kâm
	2.	j(gâsi	[βίβης]	-gâs	gâji	kâs
	3.	j(gâti	[βίβησι]	-gat	gâj	kât
Du.	1.	[jigivâs]	—	—	—	—
	2.	[jigithâs]	[βίβατον]	—	—	—
	3.	[jigitâs]	[βίβατον]	—	—	—
Pl.	1.	[jigimâs]	[βίβαμεν]	-gâmus	gâjam	kâmês
	2.	[jigithâ]	[βίβατε]	-gâtis	gâjut	kât
	3.	[jiga(n)ti]	[βίβασι]	-gant	gâj	kânt
			βιβάς	navi-ga-re		

Erweiterung der Wurzel durch ng.

		Goth.	Ahd.	Mhd.	Nhd. mdartl.
Sg.	1.	gagga	kanku	gunge	gang
	2.	gaggis	kankis	gungest	
	3.	gaggith	kankit	gunget	
Du.	1.	gaggôs	—	—	
	2.	gaggats			
Pl.	1.	gaggam	kankamês	gangen	gangen
	2.	gaggith	kankat	gunget	
	3.	gaggand	kankant	gangent	

Gothisch.

Præs. gagga gaggis gaggith u. s. w. Præt. gaggida Luc. 19, 12.
Cj. gaggau gaggais guggai u. s. w.   *S.* iddja [iddjês] iddja
Infin. gaggan   *D.* [iddjêdu iddjêduths]
Imp. gagg u. s. w.   *P.* iddjêdum iddjêduth iddjêdun
Part. Præs. gaggands Præt. gaggans   Cj. [iddjêdjau] ... iddjêdeina

Althochdeutsch.

Præs. Ind. *Sg.* kâm   kân   gâm   gîn   [kûm] gên
                 [kûs] kûst gâs   gûst [gûs] gûst geist
                 kât   gât   gêt   geit

			1.	kámês	[gán]		[gên]	
Præs. Ind.	Pl.		2.	[kât]	gât, gânt		gêt	
			3.	kânt	gânt		gênt	
Conj.	Sg.		1.	[kâê]	[gâê]	[kêê]	[gêê]	[gê]
			2.				[gêês]	gês
			3.				[gêê]	gê
	Pl.		1.		[gâêmês]	gâmês	[gêêmês]	gêmês
			2.				[gêêt]	gêt
			3.				gêên	gên
Imp.	Sg.		2.	—				—
	Pl.		2.		gânt		gêt	
Infin.				kân	gân		gên	
Part. Præs.				kânter	gânder		gênti	
				kâenter	gûender			

			1.	kanku		kangu	gungu	
Præs. Ind.	Sg.		2.	kankis		kangis	gangis	gengist
			3.	kankit	kenkit	kangit	gangit	gengit
	Pl.		1.	kankamês				
			2.	kankat			gangat	ganget
			3.	kankant		kangant	gangant	gangent
Conj.	Sg.		1.	kanke			gange	
			2.	kankês		kangês -est	gangês -est	
			3.	kanke		kange	gange	
	Pl.		1.	kankêmês			gangêmês, ên	
			2.	kankêt			gangêt	
			3.	kankên		kangên	gangên	

Præt. Ind. kianc, kiang, keang, giang
Conj. kianki, giangi
Imp. Sg. kanc, ganc, gang
Pl. —

Infin. kankan, kangan, gangan
Part. Præs. kankantêr, kangantêr, gangantêr
Præt. kekankan, kekangan, keg. geg.

Mittelhochdeutsch.

		gân	gâst gât	gên	gêst gêt	geist geit
Præs. Ind.	Sg.	gân	gûst gânt	gên	gêt gênt	
	Pl.	gâ	gâst gâ	gê	gêst gê	
Conj.	Sg.	gân	gât gân	gên	gêt gên	
	Pl.					
Imp.	Sg.	(gâ)		(gê)		
	Pl.	gât		gêt		
Inf.		gân		gên		
Part. Præs.		gânde		gênde		
Præt.		ge-gân				

Præs. Ind. *Sg.* gange	gangest	ganget	Præt. Ind.	gienc
    Pl. gangen	ganget	gangent	Conj.	gienge
Conj. *Sg.* gange	gangest	gange	Imp. *Sg.* gane
    Pl. gangen	ganget	gangen	*Pl.* (ganget)
Infin. (gangen)
Part. Præt. (ge)-gangen

Neuhochdeutsch.

Præs. Ind. *Sg.* gehe	geh(e)st	geh(e)t	Præt. Ind. gieng
    Pl. geh(e)n	geh(e)t	geh(e)n
Conj. *Sg.* gehe	gehest	gehe	Conj. gienge
    Pl. gehen	gehet	gehen
Imp. *Sg.* geh		Infin. geh(e)n
   Pl. geh(e)t	Part. Præs. gehend	Præt. gegangen.

d. Das Verbum stehn.

Wurzel sta.

	Sanskr.	Griech.	Zend	Pers.	Lat.	Lit.	Ahd.
Sg. 1.	tíshthâmi	ίστημι	histâmi	hestem sisto	sto	stóvmi stóvju	stâm stêm
2.	tíshthasi	ίστης	histahi	hestî sistis	stâs	stóvi	stâs
3.	tíshthati	ίστητι	histaiti	hest sistit	stat	stó	stât
Du. 1.	tísththâvas	—				stóviva	—
2.	tíshthathas	ίστατον				stóvita	—
3.	tíshthatas	ίστατον				stó	—
Pl. 1.	tíshthûmas	ίσταμεν	histâmahi	hestîm sistimus stâmus		stóvim	stâmês
2.	tíshthatha	ίστατε	histatha	hestîd sistitis stâtis		stóvite	stât
3.	tíshthanti	ιστάντι	histenti	hestend sistunt stant		stó	stânt

Erweiterung der Wurzel durch n-d.

	Altsl.	Goth.	Ahd.	Mhd.	Nhd. mdartl.
Sg. 1.	stana	standa	stantu	stunde	stand
2.	staneshi	standis	stantis		
3.	staneti	standith	stantit		
Du. 1.	staneva	standôs	—		
2.	staneta	standats	—		
3.	staneta	—	—		
Pl. 1.	stanemy	standam	stantamês		standen
2.	stanete	standith	stantat		
3.	stanati	standand	stantant		

Gothisch.

Præs. Ind. standa standis standith etc.	Præt. Ind. stôth stôst stôth etc.
Conj. standau standais standai etc.	Conj. stôthjau, -eis, -i etc.
Imp. stand etc.
Inf. standan
Part. Præs. standans	Præt. [standans] stôthans

Althochdeutsch.

Præs. Ind. *Sg.* 1. stâm, stân	stêm, stén
       2. stâs, stâst	stês, stêst	steist
       3. stât	stêt	steit

Præs. Ind. *Pl.* 1. stâmês, stân   stêmês
             2. stât   stêt
             3. stânt   stênt
Conj. *Sg.* 1. [stâe]   [stêe] stê
            2. [stâês]   [stêês]
            3. [stâê]   [stêe]
Imp. *Sg.*   [stâ]   [stê]
     Pl.   stât   stêt
Inf.   stân   stên
Part. Præs.   stânti, stândi   stênti, stêndi
Præt.   —

Præs. Ind. *Sg.*   stantu   stantis, stentis   stantit, stentit
          Pl.   stantamês stantat   stantant
Conj. *Sg.*   stante   stantês   stante
     Pl.   stantêmês stantêt   stantên
Præt. Ind.   stuont, stuant   (stuot, stuat)
Conj.   stuonti, stuanti
Imp. *Sg.*   stant
     Pl.   stantat
Inf.   stantan
Part. Præs.   stantanti
Præt.   (ga-)stantanêr

Mittelhochdeutsch.

Præs. Ind. *Sg.* 1. stân stên   Præs. Conj. *Sg.* 1. stâ   stê
              2. stâst stêst steist   2. stâst   stêst
              3. stât stêt stên   3. stâ etc.   stê etc.
      Pl. 1. stân stên   Imp. *Sg.*   [stâ]   [stê]
            2. stât stêt   *Pl.*   stât   stêt
            3. stânt stênt   Inf.   stân   stên
Part. Præs. stânde stênde   Part. Præt. gestân

Præs. Ind. (stande)   Præs. Conj. (stande)
Præt. Ind. stuont   Præt. Conj. stüende
Imp. *Sg.* stant   Part. Præs. —
    Pl.   —   Præt. gestanden

Neuhochdeutsch.

Præs. Ind. *Sg.* stehe steh(e)st steh(e)t   Præt. Ind. stund, stand
         Pl. steh(e)n steh(e)t steh(e)n
Conj.   stehe   Conj. stünde, stände
Imp. *Sg.* steh   *Pl.* steh(e)t
Inf.   steh(e)n
Part. Præs.   stehend   Præt. gestanden

2. Præteritopræsentia. Verschobenes Præteritum.

		Præs. Sg.	Præs. Pl.	Præt.	Part. Præt.	Inf.
I.	1. Goth.	nicht vorhanden.				
	Ahd.	an	unnumês	onda		unnan
	Mhd.	g-an	g-unnen	g-unde	geg-unnot	g-unnen
			g-ünnen	g-onde	geg-unnen	
	Nhd.	gönne schwach.				
	2. Goth.	kann	kunnum	kuntha	kunths	kunnan
	Ahd.	chan	chunnumês	chunda		chunnan
				chonda, sta		
	Mhd.	kan	kunnen	kunde		kunnen
			künnen	konde		künnen
	Nhd.	kann	können	konnte	gekonnt	können
	3. Goth.	tharf	thaúrbum	thaúrfta	thaúrfts	thaúrban
	Ahd.	darf	durfumês	dorfta		durfan
	Mhd.	darf	durfen	dorfte	gedorft	durfen
			dürfen			dürfen
	Nhd.	darf	dürfen	durfte	gedurft	dürfen
	4. Goth.	dars	daúrsum	daúrsta	daúrsts	daúrsan
	Ahd.	tar	turrumês	torsta	gatorran	turran
	Mhd.	tar	turren	torste	geturren	turren
			türren		getürren	türren
	Nhd.	erloschen				
	5. Goth.	skal	skulum	skulda	skulds	skulan
	Ahd.	scal	sculumês	scolta		sculan
		scol				scolan
	Mhd.	sol	suln, süln	solte		suln
	Nhd.	sol	sollen	sollte	gesollt	sollen
	6. Goth.	man	munum	munda	munds	munan
	Hd.	nicht vorhanden.				
	7. Goth.	mag	magum	mahta	mahts	magan
	Ahd.	mac	makumês	mahta		magan
			mugumês	mohta		mugan
	Mhd.	mac	mugen	mahte		mugen
			mügen	mohte		mügen
	Nhd.	mag	mögen	mochte	gemocht	mögen
	8. Goth.	nah	[naúhum]	[naúhta]	naúhts	[naúhan]
	Ahd.	nah	[nuhum]	[nohta]		[nohan]
	Mhd. Nhd.	erloschen.				
IV.	9. Goth.	ôg	ôgum	ôhta	[ôhts]	[ôgan]
	Hd.	nicht vorhanden.				
	10. Goth.	môt	môtun	môsta	[môsts]	[môtan]
	Ahd.	muoz	muozumês	muosa		muozan
				muosta		
	Mhd.	muoz	müezen	muose		müezen
				muoste		
	Nhd.	musz	müszen	muste	gemust	müszen

V. 11. Goth.	aih	nigum	aihta	aihts	aigan
Ahd.	[ëh]	eikumês	[ëhta]		
Mhd.	[ëch]	eigen			
Nhd.	erloschen.				
12. Goth.	vait	vitum	vissa	[vits]	vitan
Ahd.	weiz	wizzumês	wissa, sta		wizzan
			wëssa, sta		
Mhd.	weiz	wizzen	wisse, stc	gewist, ëst	wizzen
			wüsse, sto	gewizzen,	
				gewüzzen	
Nhd.	weisz	wiszen	wuste	gewust	wiszon
13. Goth.	lais	[lisum]	[lista]	[lists]	[lisan]
Hd.	nicht vorhanden.				
VI. 14. Goth.	daug	[dugum]	[daúhta]	[daúhts]	[dugan]
Ahd.	touc	tukumês	tohta		tukan
Mhd.	touc	tugen	tohte		tugen
		tügen			tügen
Nhd.	tauge schwach.				

Temporale und modale Verschiebung zugleich:

V. 15. Goth.	[vail]	[vilum]			
	viljau	vileima	vilda	[vilds]	[viljan]
Ahd.	wili	[wilîmês]			
	wëlle,	wëllêmês,	wëlta		wëllan
	wolle	wollêmês	wolta		
	willu	[wëllamês]			
	wil				
Mhd.	wil	wëln, wëllen	wolte		wëllen
Nhd.	will	wollen	wollte	gewollt	wollen

3. Flexionsmischungen.

a) Præsens schwach, Præteritum stark.

II. Goth. bidjan (bidan 1. Cor. 7, 5). bidja (bida Röm. 9, 3) bidjis bidjith; Imp. Sg. 2 bidei. bath (bad Luc. 5, 12. 8, 41. 15, 28), bêdum. bidans. — Ahd. pittan K, bittan T, bitten O. Præs. pitju pittju pittu bitiu bittu, bitis, pittit pitit, pittamês, bittet, pittent. Conj. pitte, pittêmês. Imp. biti T, pite N. Part. Præs. pittenti. Præt. pat, pâtun. Part. kapëtanêr. — Mhd. biten. Præs. bite, bitest, bit, biten. Imp. Sg. bite und bit. — Nhd. bitten. Præs. bitte, bitten. Imp. bitte.

Goth. ligan, liga lag lêgum ligans. — Ahd. likkan liggan. Præs. [likku] liccant liggent. Cj. licke liggo. Imp. liccet. Part. Præs. lickanter. Præt. lac, lâgun. Part. kalëganêr. — Mhd. ligen (licken: secchen Gen. Fdgr. 2, 66, 12). lige ligen; lac, lâgen; gelëgen. — Nhd. liegen.

Goth. sitan, sita sat sêtum sitans. — Ahd. sizzan. Præs. sizzu, sizzamês G. sizze. Imp. Sg. sizzi sizze. Part. Præs. sizzanti. Præt.

saz, sâzun. Part. Prœt. kasëzan. — Mhd. sitzen. Prœs. sitze, sitzen.
Cj. sitze. — Nhd. sitzen. Imp. Sg. sitze und sitz.
IV. Goth. hlahjau. Prœs. hlahja. Imp. hlahei. Part. Prœs.
hlahjands. Prœt. hlôh, hlôhum. Part. Prœt. hlahans.
Goth. skapjan. Prœs. skapja. Prœt. skôp, skôpum.
Goth. skathjan. skathja skôth skôthum skathans.
Goth. frathjan. frathja fróth fróthum frathans.
Goth. rathjan. rathja róth róthum rathans.
Goth. vahsjan. vahsja vôhs vôhsum vahsans.
Goth. hafjan. hafja hôf hôfum hafans. — Ahd. hofjan heffan
hovan. Prœs. heffu hepfu hevu Cj. heffe. Imp. heffe heve, hefjat. Part.
Prœs. heffantér heventér. Prœt. huob huobun. Part. Prœt. haban hapan.
— Mhd. hofen heven heben (haben Myst. 1, 154, 16); hebe huop huoben
gehaben. — Nhd. heben; hebe hob hoben gehoben.
Goth. [satjan]. — Ahd. [sefjun seffun. Prœs. seffu, seffamés etc.]
Prœt. suob suobun. Part. Prœt. [saban sapan]. — Mhd. entseben. ent-
sebe entsuop entsuoben entsaben.
Goth. svaran. svara svôr svôrum svarans. — Ahd. swerjan
swerran. Prœs. swerju swerru, sworis, swerit. Conj. swerje swerro,
swerjés. Imp. Sg. sweri. Part. Prœs. swerjanti swerranti. Prœt. swuor
swôr, swuorun. Part. Prœt. [giswaran] gisworan. — Mhd. sworn. swer
swuor swuoren gesworn (geswarn Nib. 419, 6: bewarn, Bit. 3447: varn).
— Nhd. schwöre schwur schwuren geschworen.

b) Prœsens stark, Prœteritum schwach: N-Bildungen.

Nur im Gothischen: Bildungen mit n. Prœsens stark, Prœteritum
nach der 2. schwachen Conjugation mit Ableitungsvocal ô. Bedeutung
neutral mit passivischer Färbung. bindan binden, bundnan gebunden
werden; giutan giessen, gutnan sich ergiessen, fliescen; veihan heiligen,
veihnan geheiliget werden; fulljan füllen, fullnan erfüllt werden etc.

Prœsens.   Prœteritum.
         Ind.   Conj.   Ind.   Conj.
Sg. 1. fullna   fullnau   fullnôda   fullnôdédjau
    2. fullnis   fullnais   fullnôdés   fullnôdédeis
    3. fullnith   fullnai   fullnôda   fullnôdédi
Du. 1. fullnôs   fullnaiva   fullnôdédu   fullnôdédeiva
    2. fullnats   fullnaits   fullnôdéduts   fullnôdédeits
Pl. 1. fullnam   fullnaima   fullnôdédum   fullnôdédeima
    2. fullnith   fullnaith   fullnôdéduth   fullnôdédeith
    3. fullnand   fullnaina   fullnôdédum   fullnôdédeina

Imperativ.   Infinitiv.
Sg. 2. fulln   fullnan
Du. 2. fullnats
Pl. 1. fullnam   Partic. Prœs.
    2. fullnith   fullnands

c) Præsens stark, Præteritum schwach: bringen.

Goth. briggan. Præs. brigga, is, ith. Præt. brahta, ês, a, brahtêdu etc. S. darüber weiter unten bei den Zusammenziehungen. — Ahd. prinkan, prinku prank prunkumês prunkan, daneben vorwiegend Præt. prâhta Cj. prâhtî Part. Præt. prâht zu einem [prenkan]. — Mhd. bringen, bringe brâhte brâht. — Nhd. bringen, bringe brachte gebracht.

d) Das Verbum fragen.

Goth. Præs. fraíhna, is, ith. Cj. fraíhnau, ais, ai. Imp. fraíhn. Inf. fraíhnan. Part Præs. fraíhnands. Præt. frah fraht frah frêhu frêhuts frêhum etc. Cj. frêhjau frêheis frêhi. Part. Præt. fraíhans. — Ahd. ih gafreginu (Wess. Geb.), er freget (Notk.). Inf. fråkên frågên. Præt. frågêta. Part. gefråget. — Mhd. vrâgen, vrâge, vrâgete und vrâgte, gevrâget; fregen, fregete, gefreget; er freit, freite, gefreit. — Nhd. frage fragst fragt, fragte gefragt; frage frägst frägt, frug frugen.

4. Zusammenziehungen.

a) Das Verbum haben.

Mittelhochdeutsch.

	Præs.		Præt.	
	Ind.	Conj.	Ind.	Conj.
Sg. 1.	hân	habe	hâte hēt(e) hiet(e) hēt(e) het(e) hatte	hœte hête hiete hête hete hette
2.	hâst heist?	habest	hâtest hœte	hœtest
3.	hât heit?	habe	hâte wie 1.	hœte wie 1.
Pl. 1.	hân, haben hein?	haben	hâten	hœten
2.	hât habet	habet	hâtet	hœtet
3.	hânt habent	haben	hâten	hœten

	Imp.	Infin.		Part.
Sg.	habe	hân	Præs.	—
Pl.	habet		Præt.	gehabet, gehât, gehebet, gehebt, gehân

Neuhochdeutsch.

	Præs.			Præt.
	Ind.	Conj.	Ind.	Conj.
Sg. 1.	habe	habe	hatte	hätte
2.	hast	habest	hattest	hättest
3.	hat	habe	hatte	hätte
Pl. 1.	haben	haben	hatten	hätten
2.	hab(e)t	habet	hattet	hättet
3.	haben	haben	hatten	hätten

	Imp.	Infin.	Part.
Sg. 2.	hab(e)	haben	Præs. habend
Pl. 2.	hab(e)t		Præt. gehabt

b) **Zusammenziehung des schwachen Prœteritums.**

Goth. bugjan (kaufen). Præs. bugja. Præt. baúhta. Part. Prœt. baúhts.
Goth. brukjan (brauchen). Præs. brukja. Præt. bruhta (brúhta?).
Goth. vaúrkjan (würken). Præs. vaúrkja. Præt. vaúrhta. — Ahd. wurchan wirkun. Præt. warhta worhta s. unten bei den Vocalschwankungen.
Goth. briggan. Præs. brigga. Præt. brahta. — Ahd. prinkan, prinku. prúhta, práht. — Mhd. bringen, bringe, Præt. bráhte, 2. Pers. bræhte. Cj. bræhte. Part. Prt. bráht. — Nhd. bringen, bringe, brachte brachtest, gebracht.
Goth. thagkjan. Præs. thagkja. Præt. thahta. — Ahd. dankjan denkjan denkan, Præs. denku. Præt. dâhta. Part. Prt. gidâht und gidenkit. — Mhd. denken. Præs. denke. Præt. dâhte. 2. Pers. dæhte. Cj. dæhte. Part. Prt. gedâht. — Nhd. denken, denke, dachte (du dachtest), gedacht (mdartl. denkt).
Goth. thugkjan. Præs. thugkja. Præt. thuhta (thúhta?). — Ahd. dunchan, dunchu, dûhta, kadûht. — Mhd. dunken. Præs. Ind. Cj. dunke. Præt. Ind. dûhte. Cj. dûhte und diuchte. Part. Prœt. gedûht. — Nhd. dünken. Præs. Ind. Cj. dünke (falsch mich däucht statt dünkt). Part. Præs. dünkend. Præt. Ind. däuchte (eigtl. dauchte). Cj. däuchte. Part. Præt. gedäucht (eigtl. gedaucht). Daneben Præt. Ind. Conj. dünkte, Part. gedünkt.

5. Vocalschwankungen.

Ahd. wurchan wirkhan wirkan. Præs. Ind. wurchu wirku. Cj. wurche wirke. Prt. Ind. worhta wurhta worahta warahta. Cj. worhti worahtî. Part. Præt. gaworht gaworaht gewurht gewurchet. — Mhd. würken wurken wirken. Præs. Ind. Cj. würke. Præt. Ind. worhte warhte wurhte. Cj. worhte wörhte würhte. Part. geworht gewurht gewürket. — Nhd. würken wirken regelm.
Ahd. furhtan furihtan forhtan forahtan. Præs. Ind. furhtu furihtu furahtu forhtu forahtu. Cj. furhte furihte forhte forahte. Præt. Ind. forhta forahta. Part. Præt. gaforht kaforahtêr kifurhtit. — Mhd. vürhten vurhten vorhten. Præs. vürhte vorhte. Præt. Ind. vorhte. Cj. vörhte. Part. Præt. gevorht gevürhtet gevorhten. — Nhd. fürchten regelmässig (mdartl. forchte geforcht geforchten).

www.ingramcontent.com/pod-product-compliance
Lightning Source LLC
Chambersburg PA
CBHW030410170426
43202CB00010B/1549